U0730002

城市轨道交通工程
主要施工安全风险预控指南

深圳市市政工程质量安全监督总站　主编

中国建筑工业出版社

图书在版编目（CIP）数据

城市轨道交通工程主要施工安全风险预控指南 / 深圳市市政工程
质量安全监督总站主编 . — 北京：中国建筑工业出版社，2018.6（2023.1 重印）
　ISBN 978-7-112-22261-2

　Ⅰ. ①城…　Ⅱ. ①深…　Ⅲ. ①城市铁路-铁路施工-安全管
理-指南　Ⅳ. ① U239.5-62

中国版本图书馆 CIP 数据核字（2018）第 097534 号

　责任编辑：杜　洁　李玲洁
　责任校对：党　蕾

城市轨道交通工程主要施工安全风险预控指南

深圳市市政工程质量安全监督总站　主编
*
中国建筑工业出版社出版、发行（北京海淀三里河路9号）
各地新华书店、建筑书店经销
北京建筑工业印刷厂制版
北京中科印刷有限公司印刷
*
开本：787×1092毫米　1/16　印张：10　字数：237千字
2018年6月第一版　　2023年1月第二次印刷
定价：**68.00**元
ISBN 978-7-112-22261-2
　　（32139）

编审委员会

前　言

近年来，我国城市轨道交通工程建设迅速发展，无论是建设速度还是规模都超越其他国家，已经成为世界上最大的城市轨道交通工程建设市场。由于城市轨道交通工程存在工程地质与周边环境复杂、工程建设规模大、施工工法多、安全风险大等诸多特点，是一项相当复杂的高风险性系统工程。一旦发生安全事故，就会造成人员伤亡和重大财产损失，影响工程进度，给社会造成恶劣影响，各级政府和建设责任主体必须高度关注。

为切实加强城市轨道交通工程安全风险预控工作，促进城市轨道交通工程安全管理系统化、规范化和标准化，从以往注重事中、事后控制转变至兼顾事前预控（安全风险预控项目）和过程控制（安全风险预控要点），并依据中共中央国务院关于推进安全生产领域改革发展的意见，坚持施工安全风险源头排查预防，倡导本质安全管理理念和"零事故"目标，本书编写组组织编写了《城市轨道交通工程主要施工安全风险预控指南》。

本书分十章，包括基坑围护结构、地下车站、停车场和车辆段、矿山法隧道、盾构(TBM)、桥梁工程、轨道工程、站后工程施工安全风险预控要点及典型案例，从预控项目、主要安全风险、预控要点方面以表格化的形式，简明扼要地阐述了城市轨道交通工程全方位的安全预控要点，注重理论与实践、经验与知识相结合，力求学以致用，能解决实际问题。

本书编制过程中得到深圳市住房和建设局、深圳市地铁集团有限公司的大力支持，深圳市市政工程质量安全监督总站、中铁南方投资集团有限公司、中电建南方建设投资有限公司、中铁建南方建设投资有限公司、中建南方投资有限公司、中国交建建设股份有限公司南方分公司为本书编制付出了大量心血，本书经过了许多专家、学者审阅评审，提出了宝贵意见，在此对所有参编人员表示衷心感谢。

本书从城市轨道交通工程主要施工安全风险预控要点出发，综合考虑了常规施工安全风险预控要点而写，由于时间仓促，可能有些要点被遗漏，真诚希望读者提出宝贵意见。

目 录

第1章 城市轨道交通工程共性施工安全风险预控要点 ………………………… 1

第2章 基坑围护结构施工安全风险预控要点 ……………………………………… 7

　2.1 地下连续墙 ……………………………………………………………………… 7

　2.2 钻孔灌注桩 ……………………………………………………………………… 11

　2.3 旋喷桩 …………………………………………………………………………… 13

　2.4 搅拌桩 …………………………………………………………………………… 14

　2.5 袖阀管注浆 ……………………………………………………………………… 15

　2.6 咬合桩 …………………………………………………………………………… 16

第3章 地下车站施工安全风险预控要点 …………………………………………… 17

　3.1 降水井 …………………………………………………………………………… 17

　3.2 冠梁施工 ………………………………………………………………………… 18

　3.3 基坑开挖与回填 ………………………………………………………………… 20

　3.4 钢支撑（混凝土支撑）施工安全风险 ………………………………………… 22

　3.5 车站主体模板工程 ……………………………………………………………… 24

　3.6 车站主体结构钢筋工程 ………………………………………………………… 25

　3.7 车站主体结构混凝土工程 ……………………………………………………… 26

　3.8 车站主体结构防水工程 ………………………………………………………… 26

第4章 停车场、车辆段施工安全风险预控要点 …………………………………… 28

　4.1 土石方工程 ……………………………………………………………………… 28

　4.2 高边坡施工 ……………………………………………………………………… 30

　4.3 软基处理 ………………………………………………………………………… 31

　4.4 基础工程施工 …………………………………………………………………… 32

　4.5 综合管沟施工 …………………………………………………………………… 32

　4.6 主体工程施工 …………………………………………………………………… 33

　4.7 道路施工 ………………………………………………………………………… 37

　4.8 附属工程施工 …………………………………………………………………… 38

第5章 矿山法隧道施工安全风险预控要点 ………………………………………… 39

　5.1 进洞准备工作 …………………………………………………………………… 39

5.2 隧道开挖 ·· 43

5.3 通风、防尘与风水电供应 ···················· 47

5.4 隧道防水与二衬 ······························· 48

5.5 不良地质和特殊岩土地质隧道 ·············· 49

第6章 盾构（TBM）施工安全风险预控要点 ········· 51

6.1 盾构（TBM）进场验收、组装、调试 ········· 51

6.2 盾构（TBM）始发、到达 ···················· 52

6.3 管片预制 ··· 53

6.4 盾构（TBM）掘进 ····························· 54

6.5 垂直、水平运输 ································ 56

6.6 盾构开仓作业 ··································· 57

6.7 盾构（TBM）调头和过站 ···················· 58

6.8 联络通道 ··· 58

第7章 桥梁工程施工安全风险预控要点 ············ 61

7.1 钻（冲）孔灌注桩 ····························· 61

7.2 人工挖孔桩（不推荐使用） ·················· 65

7.3 承台 ·· 67

7.4 墩台、墩柱、系盖梁 ·························· 71

7.5 现浇混凝土梁 ··································· 74

7.6 钢梁、钢-混结合梁 ··························· 82

7.7 预制混凝土梁 ··································· 84

7.8 桥梁附属工程施工 ····························· 90

第8章 轨道工程施工安全风险预控要点 ············ 92

8.1 整体道床 ··· 92

8.2 碎石道床 ··· 93

8.3 轨排工程 ··· 95

8.4 线路附属 ··· 96

第9章 站后工程施工安全风险预控要点 ············ 98

9.1 轨行区作业 ······································ 98

9.2 通风空调及保暖系统 ·························· 98

9.3 给水排水与消防水系统 ························ 98

9.4 动力照明系统 ··································· 99

9.5 供电系统 ··· 100

9.6 通信系统 ··· 102

9.7 信号系统 ··· 103

9.8 气体灭火 ··· 103

9.9 疏散平台 ··· 104

9.10 其他专业（自动售检票系统、环境与设备监控系统、旅客信息系统、
综合监控系统、导向标识）······································ 104

9.11 装饰装修 ··· 104

第10章 典型案例·· 106

10.1 坍塌 ·· 106

10.2 物体打击 ··· 112

10.3 触电事故 ··· 116

10.4 起重伤害 ··· 119

10.5 机械伤害 ··· 122

10.6 车辆伤害 ··· 125

10.7 高处坠落 ··· 127

10.8 火灾 ·· 129

10.9 爆炸 ·· 133

10.10 中毒和窒息 ·· 135

10.11 冒顶片帮 ··· 137

10.12 涌水、涌砂、透水 ·· 140

10.13 瓦斯爆炸 ··· 143

10.14 地下管线破坏 ·· 147

第1章 城市轨道交通工程共性施工安全风险预控要点

预控项目		主要安全风险	预控要点
人的因素	劳动时间过长	劳动时间过长导致负荷过大，造成作业人员体力不济，有引起疲劳、劳损、伤害等风险	改善工作条件，改进生产组织与劳动制度，合理确定休息时间和休息方式
	健康状况异常	健康状况异常，存在引发伤亡事故的风险	在进场作业前对作业人员进行体检，对患有无法胜任相关岗位疾病的人员进行筛除
	禁忌作业	有职业禁忌的作业人员从事禁忌作业，存在引发伤亡事故的风险	了解作业人员是否存在职业禁忌，不得安排有职业禁忌的劳动者从事禁忌作业
	冒险作业	作业人员对存在的风险认识不到位，冒险作业导致事故发生的风险	加强安全教育，提高作业人员的安全意识
	辨识错误	管理及作业人员对存在的风险辨识不到位，作业时存在事故的风险	加强培训，提高管理人员、作业人员的风险辨识能力，并做好相应的作业指导书
	"三违"施工	违章指挥、违章操作、违反劳动纪律，存在导致安全事故发生的风险	1. 舆论宣传为先导。 2. 教育培训为基础。 3. 企业领导是关键。 4. 安监队伍是主力。 5. 企业班组是阵地。 6. 班组长、特种作业人员、青年职工是重点。 7. 现场管理最必要。 8. 良好习惯要养成。 9. 教罚并举是武器。 10. 群防群治作保障
	监护有误	旁站监护失职增大安全事故发生风险	增强旁站人员责任心及业务水平，以保证旁站监护时工作质量
物的因素	临建防火安全距离不足	临建防火安全距离不足，火灾时存在增大救援难度，增加伤亡事故风险	1. 临时用房设施与在建工程生产区防火间距大于6m以上。 2. 宿舍、办公用房不应与厨房操作间、锅炉房、变配电房等组合建造，现场办公用房、宿舍不应组合建造。 3. 现场如需搭设多栋临时办公用房、宿舍时，办公用房之间、宿舍之间应保持不小于4m的防火间距。 4. 当办公用房或宿舍的栋数较多，可成组布置，此时，相邻两组临时用房彼此间应保持不小于8m的防火间距，每栋房屋的防火间距不小于3m

预控项目		主要安全风险	预控要点
物的因素	压缩气体和液化气体防护距离不足	氧气与乙炔瓶、气瓶与动火作业处间距不足，存在爆炸风险	氧气与乙炔瓶间距必须大于5m，气瓶与动火作业处间距必须大于10m
	压缩气体和液化气体存放及使用不当	压缩气体和液化气体未按种类分库存放，或存放处使用非防爆电气设备，或乙炔瓶倒放，或氧气瓶瓶口有油污等，均存在爆炸风险	安排专人按《危险化学品安全管理条例》要求对压缩气体和液化气体的日常存放及使用进行监管
	有毒、易燃品存放不当	现场的防水卷材、涂料，汽油、柴油等未按相关安全规定进行存放，存在火灾及爆炸风险	对施工现场的有毒、易燃品必须分类单独进行存放，并按要求设置好消防措施
	物体高处坠落	处于高处的一些杂物未及时清理而从高处坠落，存在落物伤人风险	不得在高处临边及洞口堆积杂物，若存在须及时进行清理
	堆料滑动	现场的材料堆放过高或混杂堆放，存在堆料滑动造成人员伤亡的风险	现场材料必须分区分类进行堆存，且其堆存高度必须满足相关安全要求
	动火作业管理不到位	动火作业管理不到位，存在引发火灾及爆炸事故的风险	1. 动火作业前必须做好相应的审批程序，并指定专人监火。 2. 动火前应清除现场及周围易燃物，或采取其他有效的安全措施，配备足够适用的消防器材，对于存放易燃易爆物品的场所，动火前须把里面的易燃易爆品转移到安全地。 3. 动火作业前，应检查电、气焊工具，保证安全可靠，不准带病使用，动火工具设备必须完好，安全附件齐全良好，符合安全要求。 4. 电焊回路（地线）应接在焊件上，不得与其他设备搭火。 5. 高空动火不得有火花四处飞溅，应采取措施围接，附近一切易燃物要移开或盖好。 6. 动火作业完毕后，应清理现场、熄灭余火、切断电源，确认无残留火种后方可离开。 7. 上班前检查动火条件有无变化，下班前检查有无留下火种，保安做好夜间和节假日的巡检工作
	现场机械设备外露运动件未防护	现场机械设备的开式齿轮、联轴器、皮带轮等外露运动件在运转过程中存在伤害风险	对外露的运动件必须按规范加装相应的防护罩

预控项目		主要安全风险	预控要点
物的因素	机械设备制动器缺陷	现场机械设备制动器缺陷，存在引发机械伤害及倾覆风险	加强对机械设备制动器的日常管理，保证制动器的灵敏，并按照相关操作规程使用制动器
	起重吊装设备的防护装置、设施缺陷	起重吊装设备的高度限位、力矩限位、行走限位及水平行程开关等防护装置缺失或失效，存在冲顶、倾覆等风险	加强对起重吊装设备的日常管理工作，并在设备每次使用前对相关防护装置进行试用
	设备与架空线缆间安全距离不足	施工设备与架空线缆间安全距离不足，存在对人体造成触电伤害或引起设备损坏的风险	必须根据架空线缆带电电压的不同，按规范要求划定安全距离，并用相关设施标识出相关高度上限，在作业中必须保证设备不侵入其高度上限
	机械设备作业防护区域面积不足	挖掘机、旋挖机、起重吊装等机械设备作业时的安全防护区域面积不足，存在引发机械伤害事故风险	1. 对需旋转作业的机械设备必须将其作业安全防护区域用警示标识围起，并安排专人盯控其作业过程。 2. 起重吊装作业时，必须按相关规范用警示标识划定安全防护区域，并安排专人盯控其作业过程。 3. 作业过程中，任何人均不得进入安全防护区域
	设备可能被人触及的带电部位裸露		必须设置保护罩或遮拦及警示标识
	漏电	带电部位裸露及设备漏电，存在引起人员触电伤害风险	1. 严禁电气设备及电缆长期负荷运行。 2. 导线连接要牢固，无毛刺防松装置要完好，接线方式要正确。 3. 维修电气设备时要按规程操作，检修结束要认真检查，严禁将工具和材料等导体遗留在电气设备中。 4. 避免电缆电气设备浸泡在水中，防止电缆受挤压、碰撞过度弯曲，避免划伤刺伤等机械损伤。 5. 不在电气设备中增加额外部件，若必须设置时，要符合有关规定的要求。 6. 设置保护接地装置。 7. 设置漏电保护装置
	电火花	电火花存在引起人体灼伤及易燃、易爆品发生燃烧、爆炸风险	1. 安装裸导线时，导线间或导线与接地体间应保持足够的距离。 2. 导线敷设不要放松，其支持物应良好完整。 3. 连接导线时，吊线的连接点要牢固紧密。 4. 对绝缘导线的绝缘层要注意保护，以保证有足够的绝缘强度。

3

	预控项目	主要安全风险	预控要点
物的因素	电火花	电火花存在引起人体灼伤及易燃、易爆品发生燃烧、爆炸风险	5.熔断器或开关应装在非燃烧的基础上，并用难燃材料箱盒保护。 6.带电检修电器设备时，应采取保护措施
环境因素	作业场地杂乱	作业场地内的材料、工具堆放杂乱，存在发生伤害事故风险	对作业场地内的材料必须按相关要求分类进行堆存，工具根据功能分区进行配置，并做到工完料尽
	有限空间作业管理不到位	有效空间作业管理不到位存在导致作业人员发生伤亡事故风险	1.必须严格实行作业审批制度，严禁擅自进入有限空间作业。 2.必须做到"先通风、再检测、后作业"，严禁通风、检测不合格作业。 3.必须配备个人防中毒窒息等防护装备，设置安全警示标识，严禁无防护监护措施作业。 4.必须对作业人员进行安全培训，严禁教育培训不合格上岗作业。 5.必须制定应急措施，现场配备应急装备，严禁盲目施救
	楼梯、阶梯和活动梯架缺陷	楼梯、阶梯、电动梯及活动梯架的扶手、扶栏和护栏、护网设置不到位，存在高坠风险	楼梯、阶梯、电动梯及活动梯架的安全设施必须设置完整，保证防护到位
	地面及结构开口缺陷	升降梯井、修车坑、检修孔、水渠水沟等开口未防护、封闭密实，存在高坠或落物伤人风险	必须对此类开口临边防护及孔洞封闭严密，并作警示标识
	作业场地安全通道缺陷	深基坑上下梯笼少于2处，施工场地内的安全通道未进行人车分离等，存在引起踩踏及车辆伤害事故风险	深基坑设置上下梯笼不得少于2处，施工场地内的安全通道必须做人车分离处理
	生活区安全通道缺陷	生活区安全通道缺陷，在发生火灾时，存在引发拥挤、踩踏、逃生不及时等伤亡事故风险	1.层数为3层或每层建筑面积大于200m² 时，应至少设置2部疏散楼梯，房间疏散门至疏散楼梯的最大距离不应大于25m。 2.单面布置用房时，疏散走道的净宽度不应小于1m，双面布置用房时，疏散走道的净宽度不应小于1.5m。 3.疏散楼梯的净宽度不应小于疏散走道的净宽度。 4.疏散通道必须安装应急照明灯
	高温高湿	高温天气和隧道内高温高湿条件下作业，存在引发作业人员突发疾病而造成伤亡事故风险	高温天气和隧道内高温高湿条件下作业，要采取洒水和水冷循环空气装置，作业人员佩戴好防暑降温物品，适当调整作业时间，避开高温天气施工

预控项目		主要安全风险	预控要点
环境因素	夏季三防、冬季四防	夏季的降水、台风、雷电、冬季的低温、生火取暖、违章用电、地面湿滑，存在引发安全事故风险	夏季三防：做好汛期抽排水设施的准备并开展应急演练；针对台风天气做好机械设备及临建房屋的加固；雷雨天钢管脚手架、机械设备、钢构及临建等须做防雷接地。冬季四防：作业人员减少户外工作时间，给作业人员加配保暖用品；宿舍内不得用大功率电器和炭火进行取暖；及时对地面的积水进行清理
管理因素	安全生产组织机构不健全	管理人员不足，体系不健全，责任制不落实，管理制度有缺失，导致现场的安全生产管理失控，安全事故频发	落实安全生产第一负责人，建立健全组织机构、人员配备及各项管理制度，将责任制落实到每一个相关人员，并在过程中进行监督考核
	安全生产责任制未落实		
	安全生产管理规章制度不完善		
	安全生产费投入不足	可能导致安全措施不足，存在安全事故发生的风险	安全生产费必须在每月的资金预算中予以保证，并在实施过程中保证其投入充分
	安全教育不到位	进场人员未得到有效的三级安全教育，教育内容及每级的教育时间不满足相关要求，导致其无法有效规避相应的安全风险	所有进场人员都必须经过三级安全教育，经考试合格后才能上岗；三级安全教育应按要求建立档案，各方签字必须齐全，每级教育时间必须满足要求
	安全专项施工方案未编制或编制不完善	未针对危险性较大的分部分项工程编制安全专项施工方案或安全专项施工方案内容不完善，存在导致安全事故发生风险	危险性较大的分部分项工程（按建质〔2009〕87号进行划分后）必须编制安全专项施工方案，经企业内部程序并报监理批准后实施
	安全专项施工方案未进行专家评审	超过一定规模的危险性较大的分部分项工程的安全专项施工方案未进行专家评审，存在导致安全事故发生风险	超过一定规模的危险性较大分部分项工程（按建质〔2009〕87号进行划分）的安全专项施工方案，必须经专家评审（专家数量应符合国家和地方要求），按专家评审意见修改完善后才能实施
	专项安全技术交底不到位	作业人员未按分工序（专项安全方案）及分工种（各工种安全操作规程及安全注意事项）进行专项安全技术交底后就上岗作业，存在伤亡风险	在作业人员上岗前必须对其按工序及工种进行专项安全技术交底，并严格执行"三级"交底制
	事故应急预案内容及响应缺陷	预案内容与响应的缺陷导致现场发生事故后作业人员出现慌乱、不知所措，从而增大伤亡及财产损失	加强对工程项目的风险辨识，根据辨识的风险编制应急方案进行专家评审，并根据评审完成的专项预案开展应急演练

预控项目	主要安全风险	预控要点
管理因素	职业健康管理不到位	项目对员工的体检及健康档案管理不到位，不能及时发现相关人员的患病情况，存在伤亡风险	项目必须加强对人员体检及其健康档案管理，保证作业人员身体健康才能上岗

第 2 章　基坑围护结构施工安全风险预控要点

预控项目		主要施工风险	预控要点
2.1 地下连续墙	2.1.1 导墙施工	导墙开挖损坏既有管线安全风险	1. 对影响范围内的管线资料进行收集、调查、核查。 2. 与施工区域及影响范围内相关管线、建（构）筑物产权单位签订安全协议。 3. 施工区域及影响范围相关管线、建（构）筑物产权单位组织对现场管线等进行交底。 4. 导墙开挖损坏既有管线预控要点： （1）导墙开挖前需要根据管线调（核）查等情况确定是否采取人工开挖探槽等措施。 （2）管线上下、左右安全距离内，经产权单位同意，不同的管线根据相关规范、规程要求进行作业，根据相应管线业主及管线规范要求，在预留安全保护范围区域的管线改迁前严禁动土并做标识、警示。 （3）作业时必须有专人旁站监督，开挖作业过程中遇到不明管线时，需及时通知现场工程师及产权单位确定，并做好标识，禁止野蛮施工
		导墙土体、钢筋、模板坍塌安全风险	1. 导墙开挖必须严格按方案交底要求放安全边坡（支护），严禁在导墙临边 1m 范围内堆载（含临时弃渣）。 2. 查明施工区域及影响范围内所有污水、雨水等管线，在钢筋绑扎前必须将其所有出水口封堵严实，避免施工时涌水，导致土体坍塌。 3. 导墙基坑应及时抽排水，防止积水浸泡导致土体坍塌。导墙外侧设置排水沟及时排走地表雨水。 4. 导墙拆模后及时架设支撑，防止导墙变形。 5 在导墙未达到设计强度之前，严禁大型设备在导墙两侧行走。 6. 钢筋、模板施工，应按方案交底要求采取措施，防止钢筋、模板倒塌
		导墙开挖机械伤害安全风险	1. 严格进行设备进场验收，做好验收记录，确保进场设备满足安全生产要求。 2. 机械设备作业时，须设警戒区，无关人员禁止进入警戒区，专人旁站指挥，操作人员不得擅自离开工作岗位。 3. 定期做好机械设备的检查维护保养工作，严禁带病运行
		导墙施工高处坠落安全风险	1. 导墙施工时应设专用上下通道，设立临时警戒式安全防护，无关人员禁止进入施工区域。 2. 模板拆除后，及时对导墙槽设安全防护与标识，采取回填土或设置盖板等措施进行封闭。 3. 涉及高空作业的必须按高空作业要求佩戴系挂安全带

预控项目	主要施工风险	预控要点
2.1 地下连续墙	**2.1.1 导墙施工**	导墙施工物体打击安全风险	1. 配工具袋，施工时严禁随意抛扔料具。 2. 导墙坑壁危石（渣土）、导墙临边杂物及时清理干净
		导墙钢筋、模板制安触电伤害安全风险	1. 用电设备必须配专用开关箱，严禁用家用插座或地拖。 2. 开关箱漏电动作电流不应大于 30mA，漏电动作时间不应大于 0.1s。 3. 如需电焊时，按电焊用电要求落实
	2.1.2 泥浆制备	泥浆池高处坠落安全风险	1. 泥浆池结构设计应符合相关规范要求。 2. 泥浆池四周设置临时防护栏杆，栏杆上悬挂"泥浆池""防止坠落"等安全标牌，临边防护栏杆破损或倾倒须及时修复。 3. 废弃泥浆池及时采取破除及回填等措施
		泥浆泵触电伤害安全风险	1. 安装、维修和拆除泥浆泵临时用电，必须由电工完成，电工作业必须正确佩戴劳动防护用品，穿绝缘鞋。 2. 泥浆泵须配专用开关箱、漏电动作电流应选 15mA，漏电动作时间应选 0.1s 级。 3. 泥浆泵停用时必须拉闸断电锁好开关箱，搬迁或移动泥浆泵前必须确认已切断电源。 4. 从开关箱至泥浆泵的电缆应为整根，敷设时严禁拖地、水浸
	2.1.3 成槽施工	槽段开挖损坏既有管线、建（构）筑物安全风险	1. 必须时，槽段开挖前应对既有管线、建（构）筑物进行评估、鉴定。 2. 在施工过程中根据相关规范要求对施工区域及影响范围内既有建（构）筑物进行监测，发现异常，及时采取有效措施，确保建（构）筑物的安全。 3. 交底中须对相关既有管线、建（构）筑物进行预加固的，按要求认真加固，并对加固效果进行确认后方可进入槽段开挖。 4. 未及时改迁的既有管线、建（构）筑物应按要求留好安全距离，并做好标识，此范围在既有管线、建（构）筑物改迁之前严禁动土。 5. 作业时必须有专人旁站监督，开挖等作业过程中遇到不明建（构）筑物时，需及时通知现场工程师及产权单位确定，并做好标识，禁止野蛮施工
		槽段开挖坍塌安全风险	1. 成槽过程中须控制含泥浆相对密度在内的各项参数，确保泥浆满足护壁要求。 2. 成槽作业应连续进行，如遇地质情况变化需调整工艺，调整的设备等须及时到位。 3. 成槽完成须及时清底验槽，并保持泥浆循环，严禁槽段长时间静置。 4. 做好应急措施准备，发生偏孔、坍槽等险情时及时采取应急措施

预控项目		主要施工风险	预控要点
2.1 地下连续墙	2.1.3 成槽施工	槽段施工坠落致淹溺安全风险	1. 成槽作业时，压浆施工区域应采用铁马等措施临时围闭，悬挂安全警示标识，无关人员严禁入内。 2. 已成槽段，在钢筋笼入槽前，及时围闭，并做好警示。 3. 完成浇筑的槽段，须及时对槽段口的浮浆进行清理，并采用盖板等措施进行防护
		泥浆循环泵触电伤害安全风险	1. 安装、维修和拆除泥浆泵临时用电，必须由电工完成，电工上班必须正确佩戴劳保防护用品，穿绝缘鞋。 2. 泥浆泵须配专用开关箱，漏电动作电流应选15mA，漏电动作时间应选0.1s级。 3. 泥浆泵停用时必须拉闸断电锁好开关箱，搬迁或移动泥浆泵前必须确认已切断电源。 4. 从开关箱至泥浆泵的电缆应为整根，敷设时严禁拖地、水浸
		存在爆破附属作业工序的爆破安全风险	1. 爆破单位必须有相应资质，爆破方案必须经公安部门审批后方可实施。 2. 现场严禁设炸药（雷管）库，临时存放点必须经当地公安部门验收合格后，才能投入使用，临时存放的爆炸物品严禁过夜。 3. 爆破作业必须按要求设好警戒，需要检测爆破振速时应按要求进行振速测定。 4. 在大雾天、雷雨天，禁止爆破作业，其他未尽事宜以《爆破安全规程》为准
	2.1.4 连续墙钢筋笼制作与安装	连续墙钢筋笼制作及安装触电伤害安全风险	1. 严格按规范做好外电防护。 2. 施工现场电气设备、线路严格按方案要求安装、敷设，高压线下施工时必须制定专项安全措施，并设专人监护。 3. 电焊机必须做好保护接零。交流电焊机须配二次空载降压保护器或防触电保护器。 4. 电焊机一次线严禁超5m，二次线严禁超3m，二次线不应使用老化、多接头电缆。 5. 严禁用钢筋等用作搭铁（回路）线。 6. 雨天禁止露天电焊作业
		连续墙钢筋笼制作焊接火灾安全风险	1. 动火作业前必须办理动火许可证。 2. 焊接、切割等动火作业前，应对作业现场的可燃物进行清理或采取安全措施。 3. 易燃易爆品存放点距焊接施工区域安全距离应满足要求。 4. 焊接区域必须配灭火器，并设专人监护。 5. 露天焊接，必要时设置挡风装置，以防火星飞溅引起火灾。 6. 焊接作业结束后，检查作业现场，确认无火灾隐患后，方可离开

预控项目		主要施工风险	预控要点
2.1 地下连续墙	2.1.4 连续墙钢筋笼制作与安装	连续墙钢筋笼起重伤害安全风险	1. 严格进行起重设备进场报验（进场吊车车型号必须满足方案要求），并特别注意各种安全装置、受力杆件等部位完好无损。 2. 钢筋笼吊装作业前需严格办理"吊装令"（后内容同此）。主要要求如下： （1）吊装前，对周边环境进行检查，确保场地满足吊装作业要求。 （2）吊装前，对使用的吊索、横担的刚度进行验算、验收，确保符合要求。 （3）钢筋笼中涉及安全的吊点等焊接质量必须经验收合格后方可起吊。 （4）钢筋吊环布置须根据钢筋笼重心等要素布设，防止在吊装过程中钢筋笼发生变形。 3. 严格执行"十不吊"规定（后内容同此）： （1）信号指挥不明不准吊。 （2）斜牵斜挂不准吊。 （3）吊物重量不明或超负荷不准吊。 （4）散物捆扎不牢或物料装放过满不准吊。 （5）吊物上有人不准吊。 （6）埋在地下物不准吊。 （7）安全装置失灵或带病不准吊。 （8）现场光线阴暗看不清吊物起落点不准吊。 （9）棱刃物与钢丝绳直接接触无保护措施不准吊。 （10）六级以上强风不准吊。 4. 吊装作业时必须设警戒，设专人监控，起重臂下（吊物下）严禁有人停留或通过，正式起吊前进行试吊。 5. 起重机变幅应缓慢平衡，严禁在起重臂未停稳前变换挡位，起重机满载荷或接近满载荷时严禁下落臂杆。 6. 双机抬吊重物，应尽量选用起重性能相似的起重机进行，抬吊时由专人统一指挥，动作应协调配合，载荷分配合理。 7. 吊装完成后，吊钩提升到接近顶端时位置。各部位制动器应加强保险固定，操作室或机棚要关门加锁。 8. 履带吊行走路线区域设置警示隔离，场地要满足履带吊安全行走的需要，行走速度不能超过起重机最大稳定行走速度
		连续墙钢筋笼安装时高处坠落安全风险	1. 钢筋笼的整体稳定性起吊前必须认真检查，合格后方可起吊。 2. 钢筋笼吊放过程中，在高空拆换吊点钢丝绳时，必须佩戴好安全带。 3. 钢筋笼吊放槽段四周设置警戒，严禁人员进入并悬挂安全标识牌。 4. 钢筋笼吊放过程中，应有专人进行指挥。

预控项目		主要施工风险	预控要点
2.1 地下连续墙	2.1.4 连续墙钢筋笼制作与安装	连续墙钢筋笼安装时高处坠落安全风险	5. 如需槽内接长钢筋笼，临时槽上梁措施应有专项方案、交底、检验等要求，严格按方案交底实施
	2.1.5 连续墙混凝土灌注	连续墙混凝土灌注高处坠落安全风险	1. 导管灌注平台安装时要安排专人指挥、监督，严禁单人操作。 2. 对槽段四周进行临时围闭，严禁无关人员进入，并悬挂安全警示牌。 3. 混凝土浇筑过程中，除导管孔位置外，其余部分均覆盖防护到位。 4. 检查混凝土面高度等需要临时拆除防护措施作业的，检查结束后及时恢复
		连续墙混凝土灌注车辆伤害安全风险	1. 司机或驾驶车辆者应持有效驾驶执照。 2. 场内设置减速带、限速标示牌，场内限速5km/h；对现场施工道路进行人车分离，设置标识线，车辆严格按指定线路行驶。 3. 行车前认真检查所驾车辆，如制动系统、灯光系统等，确保符合安全需要。 4. 严禁疲劳驾驶，不准酒后驾车。 5. 入场车辆须服从施工管理人员调度指挥，司机下车必须戴好安全帽
		连续墙输送管路堵管安全风险	1. 混凝土浇筑前，采用商品砂浆对输送管进行润管，防止堵管。 2. 输送管路连接前，需对混凝土泵管及接头处进行检查，确保材质满足要求。 3. 浇筑过程中，保证配备足够的车辆进行混凝土运输，保证浇筑混凝土连续不间断。 4. 商品混凝土从出厂到浇筑，中间时间不得超过规定值
2.2 钻孔灌注桩	2.2.1 钻孔	钻孔损坏既有管线、建（构）筑物安全风险	1. 必须要时，作业前应对既有管线、建（构）筑物进行评估、鉴定。 2. 在施工过程中根据相关规范要求对施工区域及影响范围内既有建（构）筑物进行监测，发现异常，及时采取有效措施，确保建（构）筑物的安全。 3. 方案及交底中须对相关既有管线、建（构）筑物进行预加固的，按要求认真加固，并对加固效果进行确认后才能进入槽段开挖。 4. 未及时改迁的既有管线、建（构）筑物应按相应要求留好安全保护距离，并做好标识，此范围在既有管线、建（构）筑物改迁之前严禁动土。 5. 作业时必须有专人旁站监督，开挖等作业过程中遇到不明建（构）筑物时，需及时通知现场工程师及产权单位确定，并做好标识，禁止野蛮施工

预控项目		主要施工风险	预控要点
2.2 钻孔灌注桩	2.2.1 钻孔	钻孔（成槽）作业机械伤害安全风险	1. 严格进行设备进场验收，做好验收记录，确保进场设备满足安全生产要求。 2. 机械设备作业时，须设置警戒区，无关人员禁止进入警戒区，专人旁站指挥，操作人员不得擅自离开工作岗位。 3. 定期做好机械设备的检查维护保养工作，严禁带病运行
		孔口高处坠落安全风险	1. 施工过程中，必须采取安全防护措施，无关人员严禁入内。 2. 施工完成后，及时对灌注桩设置警示标识，并采取回填土或设置盖板等措施进行封闭
		泥浆泵及钻机触电伤害安全风险	1. 安装、维修和拆除泥浆泵临时用电，必须由电工完成，电工必须正确佩戴劳动防护用品。 2. 泥浆泵停用时必须拉闸断电锁好开关箱，搬迁或移动泥浆泵前必须确认已切断电源。 3. 对电缆线做好保护，严禁拖地、泡水。 4. 漏电保护器参数要符合规范要求
	2.2.2 钻孔桩钢筋笼制作与安装	钻孔桩钢筋笼制作及安装触电伤害安全风险	1. 严格按规范做好外电防护。 2. 施工现场电气设备、线路严格按方案要求安装、敷设，高压线下施工时必须制定专项安全措施，并设专人监护。 3. 电焊机必须做好保护接零。交流电焊机须配二次空载降压保护器或防触电保护器。 4. 电焊机一次线严禁超 5m，二次线严禁超 3m，二次线不应使用老化、多接头电缆。 5. 严禁将钢筋等用作搭铁（回路）线。 6. 雨天禁止露天电焊
		钻孔桩钢筋笼制作焊接火灾安全风险	1. 动火作业前必须办理动火许可证。 2. 焊接、切割等动火作业前，应对作业现场的可燃物进行清理或采取安全措施。 3. 易燃易爆品存放点距焊接施工区域安全距离应满足要求。 4. 焊接区域必须配灭火器，并设专人监护。 5. 露天焊接，必要时设置挡风装置，以防火星飞溅引起火灾。 6. 焊接作业结束后，检查作业现场，确认无火灾隐患后，方可离开
		钻孔桩钢筋笼起重伤害安全风险	1. 严格进行起重设备进场报验（进场吊车车型号必须满足方案要求），并特别注意各种安全装置、受力杆件等部位完好无损。 2. 钢筋笼吊装作业前需严格办理"吊装令"。 3. 严格执行"十不吊"规定。 4. 吊装作业时必须设警戒，设专人监控，起重臂下（吊物下）严禁有人停留或通过，正式起吊前进行试吊。

预控项目		主要施工风险	预控要点
2.2 钻孔灌注桩	2.2.2 钻孔桩钢筋笼制作与安装	钻孔桩钢筋笼起重伤害安全风险	5. 起重机变幅应缓慢平衡，严禁在起重臂未停稳前变换挡位，起重机满载荷或接近满载荷时严禁下落臂杆。 6. 双机抬吊重物，应尽量选用起重性能相似的起重机进行，抬吊时由专人统一指挥，动作应协调配合，载荷分配合理。 7. 吊装完成后，吊钩提升到接近顶端时位置，各部位制动器应加强保险固定，操作室或机棚要关门加锁。 8. 履带吊行走路线区域设置警示隔离，场地要满足履带吊安全行走的需要，行走速度不能超过起重机最大稳定行走速度。 9. 轮胎式吊车，作业前支撑腿应全部伸出，并在铁鞋下垫好铁拍、枕木，支腿有定位销的必须插上
	2.2.3 钻孔桩混凝土灌注	钻孔桩混凝土灌注高处坠落安全风险	1. 导管灌注平台安装时要安排专人指挥、监督，严禁单人操作。 2. 对槽段四周进行临时围闭，严禁无关人员进入，并悬挂安全警示牌。 3. 混凝土浇筑过程中，除导管孔位置外，其余部分均覆盖防护到位。 4. 检查混凝土面高度等需要临时拆除防护措施作业的，检查结束后及时恢复
		钻孔桩混凝土灌注车辆伤害安全风险	1. 司机或驾驶车辆者应持有效驾驶执照。 2. 场内设置减速带、限速标示牌，场内限速5km/h，对现场施工道路进行人车分离，设置标识线，车辆严格按指定线路行驶。 3. 行车前认真检查所驾车辆，如制动系统、灯光系统等，确保符合安全需要。 4. 入场车辆须服从施工管理人员调度指挥，司机下车必须戴好安全帽
2.3 旋喷桩	2.3.1 旋喷桩施工	旋喷作业损坏既有管线、建（构）筑物安全风险	1. 槽段开挖前应对既有管线、建（构）筑物进行调查、探明、评估、鉴定。 2. 在施工过程中根据相关规范要求对施工区域及影响范围内既有建（构）筑物进行监测，发现异常，及时采取有效措施，确保建（构）筑物的安全。 3. 方案及交底中须对相关既有管线、建（构）筑物进行预加固的，按要求认真加固，并对加固效果进行确认后才能进入槽段开挖。 4. 未及时改迁的既有管线、建（构）筑物应按相应要求留好安全保护距离，并做好标识，此范围在既有管线、建（构）筑物改迁之前严禁动土。 5. 作业时必须有专人旁站监督，开挖等作业过程中遇到不明建（构）筑物时，需及时通知现场工程师及产权单位确定，并做好标识，禁止野蛮施工

预控项目		主要施工风险	预控要点
2.3 旋喷桩	2.3.1 旋喷桩施工	旋喷作业机械伤害安全风险	1. 设备进场验收，做好验收记录，确保进场设备满足安全生产要求。 2. 机械作业时，须设警戒区，无关人员禁止进入警戒区，专人旁站指挥，操作人员不得擅自离开工作岗位。 3. 定期做好机械设备的维护保养工作，严禁带病运行
		旋喷作业触电伤害安全风险	1. 安装、维修和拆除临时用电，必须由电工完成，电工必须穿绝缘鞋、戴绝缘手套。 2. 旋喷机械停用时必须拉闸断电锁好开关箱，设备维修时，悬挂"有人作业，禁止合闸"警示标牌，必要时设专人监护。 3. 用电设备必须配专用开关箱，严禁用家用插座或地拖，且漏电保护器参数符合规范要求
		旋喷作业表层软体陷入安全风险	1. 施工前应先对场地进行夯实，平整。 2. 置换出的软体应及时清运，避免大量堆积。 3. 加强旋喷桩作业区域排水
2.4 搅拌桩	2.4.1 搅拌桩施工	搅拌作业损坏既有管线、建（构）筑物安全风险	1. 必要时，作业前应对既有管线、建（构）筑物进行调查、探明、评估、鉴定。 2. 在施工过程中根据相关规范要求对施工区域及影响范围内既有建（构）筑物进行监测，发现异常，及时采取有效措施，确保建（构）筑物的安全。 3. 方案及交底中须对相关既有管线、建（构）筑物进行预加固的，按要求认真加固，并对加固效果进行确认后才能进入槽段开挖。 4. 未及时改迁的既有管线、建（构）筑物应按相应要求留好安全保护距离，并做好标识，此范围在既有管线、建（构）筑物改迁之前严禁动土。 5. 作业时必须有专人旁站监督，开挖等作业过程中遇到不明建（构）筑物时，须及时通知现场工程师及产权单位确定，并做好标识，禁止野蛮施工
		搅拌作业机械伤害安全风险	1. 设备进场验收，做好验收记录，确保进场设备满足安全生产要求。 2. 机械作业时，须设警戒区，无关人员禁止进入警戒区，专人旁站指挥，操作人员不得擅自离开工作岗位。 3. 定期做好机械设备的维护保养工作，严禁带病运行
		搅拌作业触电伤害安全风险	1. 安装、维修和拆除临时用电，必须由电工完成，电工必须穿绝缘鞋、戴绝缘手套。 2. 旋喷机械停用时必须拉闸断电锁好开关箱，设备维修时，悬挂"有人作业，禁止合闸"警示标牌，必要时设专人监护。 3. 用电设备必须配专用开关箱，严禁用家用插座或地拖，且漏电保护器参数符合规范要求

预控项目		主要施工风险	预控要点
2.4 搅拌桩	2.4.1 搅拌桩施工	搅拌作业表层软体陷入安全风险	1. 施工前应先对场地进行夯实，平整。 2. 置换出的软体应及时清运，避免大量堆积。 3. 加强旋喷桩作业区域排水
2.5 袖阀管注浆	2.5.1 袖阀管成孔	袖阀管成孔损坏既有管线、建（构）筑物安全风险	1. 作业前应对既有管线、建（构）筑物进行调查、探明、评估、鉴定。 2. 在施工过程中根据相关规范要求对施工区域及影响范围内既有建（构）筑物进行监测，发现异常，及时采取有效措施，确保建（构）筑物的安全。 3. 方案及交底中须对相关既有管线、建（构）筑物进行预加固的，按要求认真加固，并对加固效果进行确认后才能进入槽段开挖。 4. 未及时改迁的既有管线、建（构）筑物应按相应要求留好安全保护距离，并做好标识，此范围在既有管线、建（构）筑物改迁之前严禁动土。 5. 作业时必须有专人旁站监督，开挖等作业过程中遇到不明建（构）筑物时，需及时通知现场工程师及产权单位确定，并做好标识，禁止野蛮施工
		袖阀管成孔机械伤害安全风险	1. 设备进场验收，做好验收记录，确保进场设备满足安全生产要求。 2. 机械作业时，须设警戒区，无关人员禁止进入警戒区，专人旁站指挥，操作人员不得擅自离开工作岗位。 3. 定期做好机械设备的维护保养工作，严禁带病运行
	2.5.2 袖阀管注浆	袖阀管注浆浆液渗入地下管线安全风险	1. 袖阀管注浆施工前，需对施工区域及影响范围内既有管线、建（构）筑物的现状开展全面调查，并做好记录，对应调整施工措施，避免损坏建（构）筑物。 2. 施工过程中根据相关规范要求对施工区域及影响范围内既有管线、建（构）物进行监测，发现异常，及时采取有效措施，确保建（构）物的安全。 3. 严格按方案控制注浆压力、注浆速度以利控制注浆扩散范围，定时分析监控数据，若发现变形过大及时调整注浆参数或立即停止注浆。 4. 作业时必须专人（技术人员）旁站监督
		袖阀管注浆触电伤害安全风险	1. 严格按规范做好外电防护。 2. 施工现场电器设备、线路严格按方案要求安装、敷设。 3. 移动电器设备时，必须先拉闸断电，并悬挂"有人作业，禁止合闸"警示牌，必要时设专人看守。 4. 用电设备应设专用开关箱，各级漏电保护器参数应符合规范要求

预控项目		主要施工风险	预控要点
2.6 咬合桩	2.6.1 咬合桩成孔	咬合桩成孔损坏既有管线、建（构）筑物安全风险	1. 必要时，成孔前应对既有管线、建（构）筑物进行评估、鉴定。 2. 在施工过程中根据相关规范要求对施工区域及影响范围内既有建（构）筑物进行监测，发现异常，及时采取有效措施，确保建（构）筑物的安全。 3. 方案及交底中须对相关既有管线、建（构）筑物进行预加固的，按要求认真加固，并对加固效果进行确认后才能进入槽段开挖。 4. 未及时改迁的既有管线、建（构）筑物应按相应要求留好安全保护距离，并做好标识，此范围在既有管线、建（构）筑物改迁之前严禁动土。 5. 作业时必须有专人旁站监督，开挖等作业过程中遇到不明建（构）筑物时，需及时通知现场工程师及产权单位确定，并做好标识，禁止野蛮施工
		咬合桩成孔机械伤害安全风险	1. 设备进场验收，做好验收记录，确保进场设备满足安全生产要求。 2. 机械作业时，须设警戒区，无关人员禁止进入警戒区，专人旁站指挥，操作人员不得擅自离开工作岗位。 3. 定期做好机械设备的维护保养工作，严禁带病运行
	2.6.2 咬合桩用电安全风险	咬合桩触电伤害安全风险	1. 严格按规范做好外电防护。 2. 施工现场电器设备、线路严格按方案要求安装、敷设。 3. 移动电器设备时，必须先拉闸断电，并悬挂"有人作业，禁止合闸"警示牌，必要时设专人看守。 4. 用电设备应设专用开关箱，各级漏电保护器参数应符合规范要求

第3章 地下车站施工安全风险预控要点

预控项目		主要施工风险	预控要点
3.1 降水井	3.1.1 降水井成孔作业	降水井成孔作业损坏既有管线、建（构）筑物安全风险	1.必须时，作业前应对既有管线、建（构）筑物进行评估、鉴定。 2.在施工过程中根据相关规范要求对施工区域及影响范围内既有建（构）筑物进行监测，发现异常，及时采取有效措施，确保建（构）筑物的安全。 3.方案及交底中须对相关既有管线、建（构）筑物进行预加固的，按要求认真加固，并对加固效果进行确认后才能进入槽段开挖。 4.未及时改迁的既有管线、建（构）筑物应按相应要求留好安全保护距离，并做好标识，此范围在既有管线、建（构）筑物改迁之前严禁动土。 5.作业时必须有专人旁站监督，开挖等作业过程中遇到不明建（构）筑物时，需及时通知现场工程师及产权单位确定，并做好标识，禁止野蛮施工
		降水井成孔作业机械伤害安全风险	1.设备进场前应完善报验程序，经验收合格后方可进入现场施工。 2.作业前应做好人员安全技术交底。 3.作业过程中，严格按照操作规程进行施工，严禁违章指挥、违章作业。 4.钻机安装前进行全面检查，确认传动机构、动力机构、提升机构及各支架无开焊、变形，钢丝绳起刺、断丝不超过规范要求，绳卡设置合理。 5.钻机必须支设在坚实的地基上且固定牢靠，钻机必须垂直于地面，不得倾斜打孔。 6.防止振动造成池壁坍塌而引起钻机倾覆。 7.操作人员必须执行安全操作规程，每次加、减钻杆，钻杆、钻头必须停止转动。 8.钻机移位时，应与周边电缆保持足够安全距离，行走路面应保持平整无障碍物，行走中应保持设备垂直平稳，必要时，可增设临时缆风绳防止钻机倾倒。 9.作业时设警戒，无关人员不得进入
		降水井孔口坠落安全风险	1.施工前做好人员的安全技术交底。 2.降水井施工过程中，应做好临边防护，采用临时护栏进行隔离，禁止无关人员入内。 3.降水井停止施工期间或成孔后采用防护盖板等措施将孔洞进行封闭，并做好警示标识。 4.夜间作业时，施工作业面应保证足够的照明，确保安全
		降水井泄水泵用电安全风险	1.安装、维修和拆除泥浆泵临时用电，必须由电工完成。 2.电工必须持证上岗，上班必须正确佩戴劳保防护用品，穿绝缘鞋。

预控项目		主要施工风险	预控要点
3.1 降水井	3.1.1 降水井成孔作业	降水井泄水泵用电安全风险	3. 泄水泵须配专用开关箱、漏电动作电流应选15mA，漏电动作时间应小于等于0.1s。 4. 泄水泵停用时必须拉闸断电锁好开关箱，搬迁或移动泄水泵前必须确认已切断电源。 5. 从开关箱至泥浆泵的电缆应为整根，敷设时严禁拖地、水浸
3.2 冠梁施工	3.2.1 冠梁开挖	冠梁开挖损坏既有管线、建（构）筑物安全风险	1. 对临近冠梁的既有管线及建（构）筑物做好标识。 2. 按方案及交底对不能改迁的管线进行保护。 3. 按方案及交底放安全边坡及支护，避开土体坍塌影响既有管线、建（构）筑物安全
		冠梁开挖坍塌安全风险	1. 导墙开挖必须严格按方案交底要求放安全边坡（支护），严禁在导墙临边1m范围内堆载（含临时弃渣）。 2. 查明施工区域及影响范围内所有污水、雨水等管线，在钢筋绑扎前必须将其所有出水口封堵严实，避免施工时涌水，导致土体坍塌。 3. 导墙基坑应及时抽排水，防止积水浸泡导致土体坍塌。导墙外侧设置排水沟及时排走地表雨水。 4. 导墙拆模后及时架设支撑，防止导墙变形。 5 在导墙未达到设计强度之前，严禁大型设备在导墙两侧行走。 6. 钢筋、模板施工，应按方案交底要求采取措施，防止钢筋、模板倒塌
		冠梁开挖坠落安全风险	1. 作业前应先对工人进行安全技术交底。 2. 开挖过程中应在影响范围内设置临时护栏，并张贴警示标语，禁止无关人员进入施工现场。 3. 开挖完成一段后设置上下专用通道。 4. 夜间施工时除须做好警戒外，还须保持足够的照明
		冠梁开挖落物安全风险	1. 正确佩戴劳保防护用品，工具应随用随放入工具袋，施工时严禁随意抛扔料具。 2. 导墙坑壁危石（渣土）、导墙临边杂物及时清理干净
		冠梁开挖用电安全风险	1. 用电操作人员必须经过培训，持有效证件方可上岗作业；涉及用电，必须由持证电工作业，电工必须穿绝缘鞋等防护用品。 2. 现场临时用电电缆不得拖跨冠梁作业范围。 3. 开挖时应特别注意避让用电设施。 4. 基坑须抽排水时，水泵开关箱漏电动作电流应为15mA，漏电动作时间为0.1s。 5. 夜间照明应符合相关电压要求，如不属安全电压，金属外壳灯具必须接PE保护接零
	3.2.2 桩头破除	桩头破除安全风险	1. 作业前应先对工人进行安全技术交底。 2. 进入施工现场的人员必须正确佩戴安全防护用品。 3. 风镐破除时，应采取措施防止高压风伤人。

预控项目		主要施工风险	预控要点
3.2 冠梁施工	3.2.2 桩头破除	桩头破除安全风险	4. 采用电动工具（机械）时，用电应符合相关规定。 5. 桩边确保边坡按要求放坡和支护，坡桩头时，加强边坡稳定性检查和监护。 6. 破桩头必须按交底要求工艺实施，并特别注意桩芯（破除）混凝土倒塌（飞溅）伤人
	3.2.3 冠梁钢筋模板制作安装	冠梁钢筋模板制作及安装触电安全风险	1. 用电必须由持证人员经安全技术交底、培训合格后上岗作业。 2. 现场用电系统采用"TN-S系统""三级配电、两级保护"，且满足"一机、一闸、一漏、一箱"的要求。 3. 用电设备必须配专用开关箱，严禁用家用插座或地拖。 4. 开关箱漏电电流必须为30mA，漏电动作时间为0.1s。 5. 如需电焊时，按电焊用电要求落实
		冠梁钢筋模板制作焊接火灾安全风险	1. 冠梁在进行钢筋模板制作时，应配备灭火器。 2. 在焊接作业前，应申请动火作业证，焊工必须持证，正确佩戴劳保防护用品。 3. 在进行焊接作业时，应确保焊接下方周边无可燃物品；必要时，设挡风装置以防火星飞溅。 4. 作业完成后，应检查现场火灾隐患是否消除，确认后方可离开
		冠梁钢筋模板起重伤害安全风险	1. 设备进场前必须报验，并特别验收各种安全装置、进场设备型号满足方案交底要求。 2. 起重吊装司机和司索必须经过培训，持有效证件经培训、交底后可上岗作业。 3. 吊装前应签发"起吊令"。 4. 进入施工现场的人员须正确使用安全防护用品。 5. 在吊装时，应做好警戒，吊装范围内不得有闲杂人员。 6. 起重吊装必须遵循操作规程，严禁违章操作、违章指挥，严格按照"十不吊"规定进行作业。 7. 散件吊装时必须采用吊笼
	3.2.4 冠梁、混凝土支撑、腰梁拆除	冠梁、混凝土支撑、腰梁拆除起重伤害安全风险	1. 设备进场前必须报验，并特别验收各种安全装置、进场设备型号满足方案交底要求。 2. 起重吊装司机和司索必须经过培训，持有效证件经培训、交底后可上岗作业。 3. 吊装前应签发"起吊令"。 4. 进入施工现场的人员须正确使用安全防护用品。 5. 在吊装时，应做好警戒，吊装范围内不得有闲杂人员。 6. 起重吊装必须遵循操作规程，严禁违章操作、违章指挥，严格按照"十不吊"规定进行作业。 7. 构件起吊时，构件上严禁站人或放零散未装容器的构件，在构件下方和起重大臂扭转区内，不得有人员停留走动

预控项目		主要施工风险	预控要点
3.2 冠梁施工	3.2.4 冠梁、混凝土支撑、腰梁拆除	冠梁、混凝土支撑、腰梁拆除火灾安全风险	1. 在实施动火作业前，应申请动火作业证；电（氧）焊作业人员持证交底上岗。 2. 冠梁、混凝土支撑、腰梁进行钢筋切割时，应确保焊接下方周边无可燃物品，并配备灭火器。 3. 必要时，设挡风装置，以防火星飞溅。 4. 氧气与乙炔瓶之间间距应大于等于5m，距离明火应大于等于10m，乙炔瓶应装回火防止装置
		冠梁、混凝土支撑、腰梁拆除物体打击安全风险	1. 作业前应编制专项方案，并对工人进行安全技术交底后再进行拆除。 2. 进入施工现场的人员必须正确佩戴安全防护用品。 3. 基坑周边安全距离范围内严禁堆放材料、杂物等。 4. 在进行冠梁、混凝土支撑、腰梁拆除过程中，应做好下方影响区域警戒，严禁上下交叉作业。 5. 被拆除物下方必须设临时支撑，不得悬空切割，不得用吊车吊住被拆除物拆除
		冠梁、混凝土支撑、腰梁拆除（存在爆破作业）爆破安全风险	1. 拆除作业前应先编制专项方案报公安部门审批，并对工人进行安全技术交底后再作业。 2. 进入施工现场的人员必须正确佩戴安全防护用品。 3. 在进行爆破作业时应按方案要求做好防护、覆盖，并做好影响范围内的警戒工作。 4. 必要时（或有要求时）进行爆破振速监测，超标时应及时修正（调整）爆破参数。 5. 其他未尽事宜依照《爆破安全规程》执行
3.3 基坑开挖与回填	3.3.1 基坑开挖	基坑坍塌、涌水、涌砂安全风险	1. 编制方案，按程序报审，超过一定规模的危险性较大的方案应组织专家论证。 2. 作业前做好安全培训教育和安全技术交底。 3. 严格按方案实施，分层分段开挖。 4. 开挖临时安全边坡，根据工艺特点及时支护，不得滞后、漏支。 5. 围护结构及止水措施质量应满足要求。 6. 对于挂网锚喷工艺的必须分层分段及时支护，严禁多层多段后集中支护。 7. 做好降水、排水工作。 8. 开挖过程中出现险情及时处理加固，险情排除后方可继续开挖。 9. 做好水位、变形等监测工作，发生报警、异常等情况，应立即停止作业。 10. 编制应急救援预案，定期组织演练，按程序启动应急预案，并采取相关措施
		基坑开挖既有管线、建（构）筑物变形安全风险	1. 编制不能改迁的既有管线、建（构）筑物保护方案，交底后实施，方案还应按程序审批。 2. 严格按方案、交底对管线进行保护、加固。

预控项目		主要施工风险	预控要点
3.3 基坑开挖与回填	3.3.1 基坑开挖	基坑开挖既有管线、建（构）筑物变形安全风险	3.对房屋等建（构）筑物，应提前做好鉴定。 4.做好监测与巡视。 5.制定应急措施与预案
		基坑开挖遭遇废除管线安全风险	1.开挖施工前应对废弃管线处理编制方案（作业指导书），做好人员安全技术交底。 2.应按方案、交底对废弃管线进行封堵等处理。 3.对有毒、有害气体，可燃、可爆气体管先行排放再检测，确认无隐患后方可进行开挖作业
		基坑开挖机械伤害安全风险	1.设备进场必须完善报验手续，经验收合格后方可进场作业。 2.司机必须经过培训，持有效证件上岗。 3.开挖施工前应做好人员安全技术交底。 4.操作手须严格遵守操作规程进行作业，机械显眼位置悬挂操作规程牌。 5.机械作业时，应安排专人进行监护，机械作业半径内严禁人员通行或停留。 6.开挖过程中应严格按照措施进行分层分段放坡，施工通道及作业平台应满足承载力要求，机械摆放位置合理，避免悬空作业现象
		基坑开挖高处坠落安全风险	1.开挖过程中，应做好临边防护和警戒。 2.上下基坑必须设置安全通道，通道数量满足要求。 3.高处作业必须系挂安全带（绳）
		基坑开挖物体打击安全风险	1.开挖过程中做好安全警戒，严禁上下重叠作业。 2.临边严禁堆放料具，并及时清理临边支撑及冠梁上杂物
		基坑土体隆起、冒浆、翻砂安全风险	1.严格按方案、交底施作围护结构，特别注意围护结构终孔（槽）条件验收。 2.合理组织开挖施工，基坑必须采用分段、分层开挖，及时分段浇筑垫层进行施工，以减少基坑暴露时间。 3.做好坑内降排水工作，防止坑内积水、基底软化。 4.必要时采取坑内地基加固技术措施。 5.制定应急救援预案，出现异常情况时按照规定程序采取应急措施
	3.3.2 桩间围护结构支护施工	桩间止水加固围护结构支护主要风险	1.严格按开挖方案交底要求随开挖及时进行基面清理及桩间支护，并及时对围护结渗漏水位置进行注浆堵漏。 2.制定好应急预案，建立健全应急抢险组织机构，施工现场备足应急物资和设备。发生险情后，必须能做到有效控制。 3.严格按照设计方案落实围护结构监测，做到有危险情况及时排查、及时解决

预控项目		主要施工风险	预控要点
3.3 基坑开挖与回填	3.3.3 围护结构侵限处理	围护结构侵限处理主要风险	1. 随开挖、随对侵限部位进行处理，不应集中处理。 2. 不能避免登高作业时，应按规范要求搭设作业平台，并做好防护。 3. 过程中做好警戒工作，严禁上下重叠作业
3.4 钢支撑（混凝土支撑）施工安全风险	3.4.1 钢围檩、托架、托盘安装	钢围檩、托架、托盘起重伤害安全风险	1. 设备进场前必须报验，并特别验收各种安全装置、进场设备型号，满足方案交底要求。 2. 吊装前应签发"起吊令"。 3. 在吊装时，应做好警戒，吊装范围内不得有闲杂人员。 4. 起重吊装必须遵循操作规程，严禁违章操作、违章指挥，严格按照"十不吊"规定进行作业。 5. 构件起吊时，构件上严禁站人或放零散未装容器的构件，在构件下方和起重大臂扭转区内，不得有人员停留走动
		钢围檩、托架、托盘坠落物体打击安全风险	1. 吊装构件上严禁放零散未装容器的构件。 2. 作业过程中应做好警戒工作，严禁上下交叉作业。 3. 钢围檩、托架、托盘安装牢固，并在使用过程中加强检查，防止脱落。 4. 严禁施工机械碰撞钢围檩、托架、托盘等。 5. 钢围檩与围护结构之间缝隙必须用混凝土喷填密实
		钢围檩、托架、托盘安装高处坠落安全风险	1. 进行钢围檩安装时，严禁人员在无安全防护的情况下在钢围檩上行走。 2. 大风、雨天等恶劣天气应停止安装作业
		钢围檩、托架、托盘安装触电伤害安全风险	1. 电工必须经过培训、交底，持有效证件方可上岗作业。 2. 用电设备必须配专用开关箱，电动工具、电焊机的用电符合各自的要求。 3. 现场严禁使用插座、地拖等，严禁用钢筋代替搭铁线（回路线）
	3.4.2 钢支撑安装	钢支撑起重伤害安全风险	1. 严格进行起重设备进场报验（进场吊车车型号必须满足方案要求），并特别注意各种安全装置、受力杆件等部位的验收，并确认其完好无损。 2. 钢筋笼吊装作业前需严格办理"吊装令"。 3. 严格执行"十不吊"规定。 4. 吊装作业时必须设警戒，设专人监控，起重臂下（吊物下）严禁有人停留或通过，正式起吊前进行试吊。 5. 起重机变幅应缓慢平衡，严禁在起重臂未停稳前变换挡位，起重机满载荷或接近满载荷时严禁下落臂杆。 6. 双机抬吊重物，应尽量选用起重性能相似的起重机进行，抬吊时由专人统一指挥，动作应协调配合，载荷分配合理。

预控项目		主要施工风险	预控要点
3.4 钢支撑（混凝土支撑）施工安全风险	3.4.2 钢支撑安装	钢支撑起重伤害安全风险	7. 吊装完成后，吊钩提升到接近顶端时位置。各部位制动器应加强保险固定，操作室或机棚要关门加锁。 8. 履带吊行走路线区域设置警示隔离，场地要满足履带吊安全行走的需要，行走速度不能超过起重机最大稳定行走速度。 9. 构件起吊时，构件上严禁站人或放零散未装容器的构件；在构件下方和起重大臂扭转区内，不得有人员停留走动。 10. 摘取钢丝绳必须在安全措施保护下进行
		钢支撑坠落安全风险	1. 钢支撑在安装完成后，必须按要求设置合格的防坠措施。 2. 严格按方案交底施作中隔桩及钢支撑预拼装。 3. 进行基坑施工过程中，应定期检查钢支撑轴力情况，防止预加轴力失效造成钢支撑松动
	3.4.3 钢支撑预应力施加	钢支撑预应力施加液压设备高压管路爆管安全风险	1. 钢支撑预应力施加液压设备在使用前应检查其产品合格证、出厂证明及标定证明。 2. 加压前，除应做好方案及安全技术交底，管路连接要牢固，操作人员应严格按照设计要求分级加压。 3. 加压过程中应做好警戒，严禁无关人员进入现场
	3.4.4 支撑拆除（含混凝土支撑）	支撑拆除（含混凝土支撑）起重吊装安全风险	1. 设备进场前应完善报验手续，经验收合格后方可进场作业。 2. 吊装前应对吊装设备状态及人员配置情况进行检查确认。 3. 起重吊装影响范围必须设置警戒区域，作业时严禁人员进入。 4. 起重吊装人员须严格遵守安全技术操作规程，严格执行"十不吊"规定。 5. 构件起吊时，构件上严禁站人或放零散未装容器的构件；在构件下方和起重大臂扭转区内，不得有人员停留走动。 6. 混凝土支撑拆除前必须设临时支架措施，不得悬空（悬臂）拆除
		钢支撑预应力卸载安全风险	1. 施工前，应对预应力卸载方案（或工艺要求）进行施工交底。 2. 预应力卸载前，结构强度必须达到设计要求的强度。 3. 设好警戒、防护，无关人员严禁进入作业区。 4. 确保液压管路安全
		支撑拆除（含混凝土支撑）高坠安全风险	1. 须在支撑上行走时，应先设置防坠绳，行走人员须正确使用安全绳。 2. 大风、雨天等恶劣天气应停止作业

预控项目		主要施工风险	预控要点
3.4 钢支撑（混凝土支撑）施工安全风险	3.4.4 支撑拆除（含混凝土支撑）	支撑拆除（含混凝土支撑）机械伤害安全风险	1. 设备必须报验，经验收合格后方可进现场。 2. 在进行支撑拆除过程中，机械设备运转半径内应设置警戒区域，切割、吊装区域严禁人员进入。 3. 设专人监护、指挥
		支撑拆除（含混凝土支撑）物体打击以及突然断裂安全风险	1. 支撑拆除高空作业时，应在地基面危险范围内设立危险警示标识，严禁交叉作业。 2. 设专人监护。 3. 支撑拆除高空作业时，应将手持工具、小型材料等放在工具袋内。 4. 支撑拆除高空作业时所有的材料和工具应用绳索或起重工具传递，不可向下投掷或向上抛送物件。 5. 遇大风、下雨、光线不足等不良环境时，须停止作业。 6. 在支撑拆除施工过程中若发现支撑松动、滑移时，及时查找原因，采取核正、加固措施。 7. 混凝土支撑拆除前必须设临时支架措施，不得悬空（悬臂）拆除
3.5 车站主体模板工程	3.5.1 支架工程	支架搭设、拆除坍塌安全风险	1. 编搭拆方案，按规定程序履行审批手续，需要专家论证的组织专家论证后，严格按方案实施。 2. 搭设与拆除模板支撑系统的架子工应取得特种工作业证，并经安全培训教育合格后，方可上岗作业。 3. 进场材料符合方案检验要求，并送检合格。 4. 搭设、拆除过程应设专人全程监护。 5. 搭设好后必须经方案编审人等验收，特别是基础、扫地杆、间（步）距、纵向水平剪刀撑等关键部位要逐一验收，合格后方可投入使用。 6. 拆除脚手架时影响范围内设警戒区域，设专人监护。 7. 脚手架拆除时按照先装者后拆后装者先拆的顺序进行。剪刀撑应先拆除中间后再拆除两头扣件，所有连墙杆等必须随脚手架同步拆除。拆除挑架等危险部位要系挂安全带。 8. 大风、下雨等恶劣天气，严禁进行脚手架搭拆作业
		支架搭设、拆除坠物安全风险	1. 作业人员应携带工具袋，工具不随意摆放，应入袋。 2. 脚手架在搭设、拆除过程中严禁随意抛掷，拆除的支架应分类码放，扣件应入箱或笼。 3. 支架上不得集中堆载及随意摆放物件，特别是短料、超短料。 4. 脚手架搭设完成后应将脚手架上的遗留材料杂物等清理干净。 5. 设警戒线，无关人员严禁进入

预控项目		主要施工风险	预控要点
3.5 车站主体模板工程	3.5.1 支架工程	支架搭设、拆除高坠安全风险	1. 架子工进入施工现场必须佩戴好劳动防护用品，高处作业时必须系挂安全带，并做到高挂低用。 2. 支架搭设时按方案要求设水平防坠落网。 3. 大风、下雨等恶劣天气，严禁进行脚手架搭拆作业
		结构模板火灾安全风险	1. 模板施工过程中，应配备合格有效的消防器材。 2. 在模板上进行电焊或气焊作业时，应先申请动火作业证，动火下方应设置隔离板，并设专人监护，防止焊渣将模板点燃
3.6 车站主体结构钢筋工程	3.6.1 车站主体钢筋工程	车站主体结构工程钢筋加工及安装用电安全风险	1. 严格按规范做好外电防护。 2. 施工现场电气设备、线路严格按方案要求安装、敷设，高压线下施工时必须制定专项安全措施，并设专人监护。 3. 电焊机必须做好保护接零。交流电焊机须配二次空载降压保护器或防触电保护器。 4. 电焊机一次线严禁超 5m，二次线严禁超 3m，二次线不应使用老化、多接头电缆。 5. 严禁用钢筋等用作搭铁（回路）线。 6. 雨天禁止露天电焊
		车站主体结构工程钢筋安装坍塌安全风险	1. 钢筋安装前应进行方案及安全技术交底，明确绑扎钢筋和临时架立筋工艺要求。 2. 绑扎基础钢筋时按规定摆放支架或马凳架起上部钢筋，不得任意减少。 3. 钢筋绑扎至一定高度时，应按要求采取临时加固措施，防止钢筋倾覆。 4. 严禁在已绑扎完成的钢筋网上方集中堆载。 5. 钢筋发生倾斜时，不得借助外力强行拨正
		车站主体结构工程钢筋起重吊装安全风险	1. 设备进场前必须报验，特别是各种安全装置，验收合格后方可进场作业。 2. 签发"起吊令"。 3. 起重吊装影响范围必须设置警戒区域，作业时严禁人员进入。 4. 起重吊装人员须严格遵守安全技术操作规程，严格执行"十不吊"规定。 5. 起吊钢筋时，规格须统一，严禁长短参差不一，严禁单点起吊，小物件须采用吊篮起吊
		车站主体结构工程钢筋制安机械伤害安全风险	1. 在进行钢筋制安时，应严格按照操作规程进行机械操作。 2. 钢筋切割机、弯曲机等设备转动部位应防护到位。 3. 钢筋切割机、弯曲机等严禁使用倒顺开关。 4. 调直区域应设警戒带，无关人员不得入内。 5. 短钢筋加工时，应采取相应的防护措施。 6. 砂轮切割机的夹紧装置及防护罩必须完好

预控项目		主要施工风险	预控要点
3.7 车站主体结构混凝土工程	3.7.1 车站主体结构混凝土（含大体积）施工	车站主体结构混凝土浇筑爆模安全风险	1. 支撑体系搭设完成后，须完成验收手续，合格后方可进行模板安装。 2. 模板安装前应对方案及安全技术进行交底，严格按照方案加固后，必须按浇筑顺序"三检制"要求完成报验手续。 3. 混凝土浇筑过程中，应严格控制浇筑速度和下料高度，浇筑过程中应安排专人进行支架体系检查，发现问题应立即处理
		车站主体结构混凝土泵车安全风险	1. 泵车入场前必须报验，经验收合格后方可进入施工现场。 2. 泵车到达架设位置后，应先检查支腿部位地基情况，确认无误后方可架设。 3. 泵车架设时，应采用钢板或木方进行支垫，支腿应完全张开。 4. 泵车在进行供料时，应严格执行安全操作规程，泵管支伸长度应符合要求。 5. 末端软管须有措施避免剧烈摆动
		车站主体结构混凝土运输车辆安全风险	1. 场地内设置减速带，并设置限速标识。 2. 运输车辆进入场地后应设专人进行指挥，并设置警戒区域，运输通道严禁人员随意通行。 3. 夜间施工应保证照明措施到位
		车站主体结构混凝土输送管路爆管安全风险	1. 混凝土浇筑前，应对输送管道和管道接头进行检查，发现变形、破损或连接不牢靠的应及时进行更换或加固。 2. 浇筑前，采用砂浆对输送管道进行润管。 3. 混凝土进入现场后，先检查其和易性。 4. 保持混凝土输送的连续性，若长时间未输送，应再次进行润管。 5. 浇筑过程中，若出现堵管时不得强行进行混凝土输送，应将管路疏通后再进行作业。 6. 输送管在移动过程中，管口下方严禁站人
3.8 车站主体结构防水工程	3.8.1 车站主体结构工程防水施工	车站主体结构工程防水施工火灾安全风险	1. 防水施工若需要采用焊接等动火作业时，应先申请动火作业证，经同意后方可实施。 2. 防水施工区域应设置足够的灭火器材。 3. 焊接过程中应设置隔离板，防止飞溅焊渣点燃防水板。 4. 在更换气瓶时必须关火禁止在防水层上操作喷头，点火时不得正面对人并远离气瓶、防水材料及其他易燃易爆材料卷材，夏季高温施工时严禁气瓶在太阳底下暴晒，冬季施工时严禁用喷头对气瓶进行加热。 5. 防水施工区域应设置禁止烟火等警示标识。 6. 作业完毕后，应切断施工电源，并检查隐患消除情况，确认无隐患后人员方可离开

预控项目		主要施工风险	预控要点
3.8 车站主体结构防水工程	3.8.1 车站主体结构工程防水施工	车站主体结构工程防水施工坠落安全风险	1. 作业前先进行方案及安全技术交底。 2. 在高于 2m 处防水施工时，应搭设规范的作业平台，系好安全带，高挂低用
		车站主体结构工程防水施工中毒安全风险	1. 有限空间进行防水施工时，必须加强通风并进行气体检测，确认无隐患后人员才可进入。 2. 防水作业区必须保持通风良好。操作人员操作时如有头痛、恶心现象应停止作业，患有材料刺激过敏人员不得参加相应的工作

第4章 停车场、车辆段施工安全风险预控要点

预控项目		主要施工风险	预控要点
4.1 土石方工程	4.1.1 土方开挖	土方开挖坍塌安全风险	1.必须按方案开挖、支护；边坡坡率符合方案要求，逐级开挖、逐级支护。 2.做好排水工作：坡顶动土前视汇水面积设计要求施作天沟，平台设计有截水沟的也应及时施作。 3.设计和专项方案有监测要求的，须编制监测方案，并按方案要求及时开展监控工作。 4.多台挖机作业应避免交叉作业，并保持安全距离。 5.雨天禁止边坡开挖，如因雨水冲刷存在冲沟等变形应处理后再行施工。 6.属地面以下的按基坑开挖安全预控要点办理
		机械作业伤害安全风险	1.机械设备进场应严格履行报验手续，特别验收各种安全装置，按规定进行维修、维护和保养。 2.特殊工种必须取得建筑施工特种作业人员操作资格证书，并经安全教育及考试合格后，方能上岗。 3.机械操作人员必须严格按照对应机械安全操作规程和标准规范要求进行作业。 4.机械作业时应有专人指挥，严禁人员进入作业半径范围内。 5.合理组织运输设备，运输材料的车辆、运土自卸车严禁超载，施工现场应限速通行。 6.夜间施工时，保证现场充足照明，作业人员正确佩戴夜间劳保装备，场内设置警示带（灯）及警示牌。 7.现场液压顶升机械临时检修必须在顶硬措施落实的情况下才能进行。 8.斜坡道尽量不停机械设备，必须停放时，应采取防溜车措施
		土石方开挖爆破安全风险	1.必须按规定编制爆破作业专项方案并经相关部门审查备案后实施。 2.爆破单位应具有相应资质，爆破人员应取得有关部门颁发的安全作业证，持证上岗。 3.施工单位应对进入爆破区域的人员进行安全技术交底，并确认作业环境安全。 4.各爆破必须按方案参数进行，装药联线起爆前必须经爆破技术人员验收后才能实施。 5.按方案和规范要求做好各种防护，尤其是临近既有线、既有建筑的爆破必须严格设防。 6.安排专人按要求设警戒，对于人员活动密集地区，在爆破作业前张贴安全告示。 7.按要求认真做好爆破振速监测，超标时，应及时调整爆破参数。 8.现场严禁设炸药库，临时存放点应经公安部门验收合格后方可投入使用，爆炸物品严禁现场过夜。

预控项目		主要施工风险	预控要点
4.1 土石方工程	4.1.1 土方开挖	土石方开挖爆破安全风险	9. 其他未尽事宜按《爆破安全规程》办理
		土方开挖损坏既有管线、建（构）筑物安全风险	1. 周边建（构）筑物保护： （1）开挖前，调查所有在施工影响范围内的建（构）筑物，着重查明建（构）筑物的结构形式、基础形式、数量、修建年代、材质、质量状况、工作状态与开挖基坑距离等。当建（构）筑物具有很大的破坏风险时，应"先加固、后施工"。 （2）纵向分段、分区域，竖向分层进行开挖，及时进行边坡支护。 （3）合理组织场内交通，减少动荷载对基坑的影响，机械设备应避免在建（构）筑物附近行走和停留，以减缓基坑的变形速率。 （4）对周边建（构）筑物定期监控量测，根据建（构）筑物的性质、结构形式、基础形式等建立不同的控制值，通过监控量测及时掌握建筑物的变形情况，及时调整施工工艺。 2. 既有管线保护： （1）施工前联系产权单位对地下管线的相对位置、埋深、类型等详细调查，做好详细的记录并进行现场标识。 （2）由产权单位现场进行交底，并签订管线安全保护协议。 （3）对不能改迁的管线应采取保护，施工前编制专项保护方案及应急预案。 （4）应开挖探沟或沟槽对管线进行核查，确定管线具体位置。 （5）在电力管线、通信管线安全范围内挖土时，宜设专人看护；燃气管线安全距离范围，严禁擅自开挖。 （6）制定应急预案，储备应急物资，当发现不明管线或管线有大的变形和趋势时，应及时快速与管线产权单位、监理、业主及设计等单位联系，确定处理方案
	4.1.2 土方回填	土方回填安全风险	1. 应分层回填、分层压实、对称进行；挡墙、承台、基础等结构物必须等混凝土及砌体达到设计强度后，才能回填，距离结构物50cm内应采用人工夯实，禁止大型压路机碾压。 2. 机械操作人员必须持证上岗，回填开始前，必须对现场作业工人进行安全技术交底。 3. 机械设备开机前应确认作业环境安全。 4. 作业过程中设专人指挥，严禁非配合人员进入施工区域。 5. 合理规划现场道路，合理组织运输设备，应采取措施，防止自卸车侧翻。

预控项目		主要施工风险	预控要点
4.1 土石方工程	4.1.2 土方回填	土方回填安全风险	6. 夜间施工时，保证现场充足照明，作业人员正确佩戴夜间劳保装备，场内设置警示带（灯）及警示牌。 7. 雨水冲刷或冲沟应及时处理
4.2 高边坡施工	/	坡面防护施工安全风险	1. 坚持"分级开挖，分级防护"的原则，自上而下，开挖一级，防护一级，工序衔接紧凑，严禁一挖到底。 2. 片石砌筑时，必须自下而上，片石改小，不能在脚手架上进行，挡墙砌筑时，墙下严禁站人，搬运石块上架，跳板应牢固，并设防滑条及防护栏。 3. 应设上下爬梯，严禁在坡面上行走。 4. 进行喷护作业时，作业人员应佩戴防护口罩。 5. 需要搭架、用电时按相应预控要点办理
		抗滑桩（人工挖孔）施工安全风险	1. 当抗滑桩位于坡顶时，宜采用冲（钻）孔灌注桩，当抗滑桩位于边坡腰部时，且不具备大型机械作业条件时，经专家论证通过后，采用人工挖孔桩工艺施工。 2. 必须先施工抗滑桩后再进行边坡开挖。 3. 人工挖孔超过 16m 时，应编制专项方案并经专家论证；当基岩强度过大无法人工凿除时，由于边坡施工应尽量减少振动，宜采用静爆，并须编制爆破专项方案经审查论证后实施，人工挖孔桩作业时必须有人监护。 4. 桩孔开挖过程中及时施作护壁。 5. 孔口必须设置围栏，人员上下使用专用爬梯，同时应准备软梯和安全绳备用。 6. 孔内有重物起吊时，应有联络信号，统一指挥，升降设备应由专人操作。 7. 井下人员必须佩戴安全帽，不宜超过 2 人。 8. 每日开工前必须检测井下的有害气体，井边作业人员须系挂安全带，孔深超过 5m 后，均应使用通风设施向作业面送风。井下爆破后，必须向井内通风，待炮烟粉尘全部排除后，方能下井作业。 9. 井下必须采用安全低压照明。抽水必须配专用开关箱，其漏电动作电流为 15mA 级。 10. 监测应与施工同步进行。监测达到预警值时，应立即停止施工并撤离人员及机械，制定处置方案。 11. 提升应避免使用摇轮机而应用简易提升架，提升架座有防倾覆后座、防冲顶限位、防钢丝绳脱落防护等措施。 12. 料斗不应装满、孔内应设半圆防护，停止作业时应加盖防护。 13. 宜采用跳桩作业，不能紧邻桩同时作业

预控项目		主要施工风险	预控要点
4.2 高边坡施工	/	预应力锚索（锚杆）施工安全风险	1. 编制专项方案，按程序报批交底后，才能实施。 2. 需搭架及用电时按相应预控要点办理。 3. 设备作业平台应牢固可靠，平台应满铺跳板，并设临边防护。 4. 锚索造孔采用潜孔锤风动钻进时，应采取必要的除尘措施。开孔时，对孔口松动岩块应进行清除，避免冲击钻进时岩体掉块伤人。 5. 钢绞线通过特制的放料支架下料，防其弹力将人员弹伤，往孔内安装锚索时，应由专人统一协调指挥。 6. 锚索施工时，高压风管、高压油管的接头应连接牢固；造孔、张拉机械的传动与转动部分均需设置完备的防护罩。 7. 锚索张拉时，在千斤顶伸长端设置警戒线，以防张拉时出现异常伤人
4.3 软基处理	4.3.1 水泥土搅拌桩（塑料插板、砂桩等工艺）施工	搅拌（塑料插板、砂桩等工艺）作业损坏既有管线、既有建（构）筑物安全风险	1. 对周边建（构）筑物、既有管线进行调查，掌握施工区域附近管线、建（构）筑物的相关情况，必要时须对既有管线挖探沟进行确认，并对影响范围内建筑物、地面及地下管线编制详细的监控和保护方案。 2. 根据施工条件，可选择挖卸荷沟、设卸压孔、调整打桩顺序的做法，消除其对比邻建筑物构筑物结构及地下管线影响。 3. 严格按方案进行作业，特别注意各种压力的控制。 4. 作业时必须设专人旁站监督，作业过程中遇到不明管线时，应及时通知现场工程师及产权单位确定，并做好标识，禁止野蛮施工
		搅拌（塑料插板、砂桩等工艺）作业机械伤害安全风险	1. 机械设备进场应履行报验手续，按规定进行维修、维护和保养。 2. 机械操作人员必须严格按照对应的设备安全操作规程和标准规范要求作业，严禁违章指挥、违规作业。 3. 场地及机械行走范围的承载力应满足相应的要求；桩机平台移位时要有专人负责指挥，且注意观察运行情况，防止出轨倾倒或沉陷。 4. 振沉砂桩作业灌料斗下方严禁站人。 5. 机架与平台联结必须牢固可靠，传动轴处设有安全挡板，各种铰接处必须用开口销进行锁定。 6. 桩架拆装时，在拆装区域做好警戒
		搅拌（塑料插板、砂桩等工艺）作业触电伤害安全风险	1. 机械设备必须配专用开关箱，开关箱漏电动作电流不应大于 30mA、漏电动作时间 0.1s 级。 2. 开关箱严禁使用倒顺开关。 3. 桩机行走时，必须切断电源。

31

预控项目		主要施工风险	预控要点
4.3 软基处理	4.3.1 水泥土搅拌桩（塑料插板、砂桩等工艺）施工	搅拌（塑料插板、砂桩等工艺）作业触电伤害安全风险	4. 电缆出现破损、老化的应及时包裹或更换，电缆摆放应规范，以防扯断或缠绕。 5. 排水板施打设备、桩机与架空线路之间的安全距离应符合规范要求。 6. 遇到高压线或外架线路，需做好外电防护。 7. 作业过程中应设专人监护
4.4 基础工程施工	/	预应力管桩施工安全风险	1. 管桩在起吊和搬运时，吊点位置的确定、吊环吊具的安全性应经过设计与验算。 2. 接桩时，上部桩身固定；管桩孔口需封闭，作业全过程设警戒线。 3. 用设备必须配专用开关箱，漏电动作电流必须用 30mA 级，严禁使用倒顺开关。 4. 涉吊作业按起重吊装预控要点办理，必须签发"起吊令"
		承台地梁施工安全风险	1. 开挖时应预留一定的操作空间，并按设计方案要求坡率进行放坡。 2. 基坑周边 0.5m 范围外均应搭设高度不小于 1.2m 的标准防护栏杆，设好踢脚板，满布密目网。 3. 操作人员间控制好安全距离及作业顺序。 4. 预先选定好剥离顺序，应分段破除桩头。 5. 对于超过 2m 的桩头，转移前需在基坑底部进行再次破除。 6. 桩头不得堆放在基坑周边 2m 范围内。 7. 涉吊装、用电、钢筋、模板分别按相应预控要点办理
4.5 综合管沟施工	/	开挖施工安全风险	1. 编专项方案，符合具有一定规模的方案，须组织专家论证后才能实施。 2. 作业前交底，作业时专人监护。 3. 严格按方案施工（如放坡、支护措施），有积水时应抽排水措施。 4. 沟槽外侧临时堆土距沟槽上口线不能小于 1.0m，堆土高度一般不得大于 1.5m。 5. 在沟槽边坡稳固后设置供施工人员上下沟槽的安全梯。 6. 应经常对沟槽土壁情况加以监测，发现异常经处理后，确保安全条件下才能继续作业。 7. 沟槽外围搭设高度不低于 1.2m 的护栏，道路上要设警示牌和警示灯
		管道安装施工安全风险	1. 管道安装须在基坑安全确认下才能实施。 2. 吊装下管时，必须有专人指挥，严禁任何人在已吊起的构件下停留或穿行。 3. 下管时，吊点应设在管子的重心处，用拦腰起吊的方式起吊，或采用专用吊具。 4. 管道拼装时应设专人指挥，以防空间狭小范围作业时人员挤压伤害。

预控项目		主要施工风险	预控要点
4.5 综合管沟施工	/	管道安装施工安全风险	5. 砌筑检查井时，材料按规定运输、存放，防止物体打击。 6. 雨天应避免管道安装。 7. 起重吊装按相应预控要点办理，必须签发"起吊令"
		回填施工安全风险	1. 设备必须报验。机械设备的维修、保养要及时，使设备处于良好的状态。 2. 结构物周边 0.5m 范围内须人工夯实。 3. 蛙式打夯机操作人员必须佩戴绝缘用品，操作必须有两人；多台蛙式打夯同时作业时，左右、前后保持安全距离。 4. 蛙式打夯机必须配备专用开关箱，开关箱漏电动作电流不应大于 30mA、漏电动作时间 0.1s 级
4.6 主体工程施工	/	脚手架施工安全风险	1. 脚手架工程必须按照规定编制、审核专项施工方案，超过一定规模的要组织专家论证。 2. 搭设、拆除单位必须具有相应的资质和安全生产许可证；脚手架搭设、拆除人员必须取得建筑施工特种作业人员操作资格证。 3. 脚手架材料进场前，必须按规定进行验收和送检，未经验收送检或验收送检不合格的严禁使用，特别注意壁厚应满足检算要求。 4. 搭设、拆除要按照专项施工方案组织实施，相关管理人员必须在现场监督，发现不按照专项施工方案施工的，应当要求立即整改。 5. 脚手架外侧以及悬挑式脚手架、附着升降脚手架底层应当封闭严密。 6. 脚手架必须按专项施工方案设置纵向、水平剪刀撑和连墙件。落地式脚手架搭设场地必须平整坚实。严禁在脚手架上超载堆放材料，严禁将模板支架、缆风绳、泵送混凝土和砂浆的输送管等固定在架体上。 7. 脚手架搭设必须分阶段组织验收，验收合格后，方可投入使用，特别注重基础、扫地杆、间（步）距、纵向（水平）剪刀撑、跳板固定、踢脚板措施、水平兜网等是否满足要求。 8. 脚手架拆除必须按先搭后拆、后搭先拆、由上而下、逐层进行，严禁上下同时作业。连墙件应当随脚手架逐层拆除，严禁先将连墙件整层或数层拆除后再拆脚手架。 9. 梁柱节点交叉位置，为保证架体的整体稳定性，在搭设梁底支架时，应采取抱柱措施
		模板及支撑体系安全风险	1. 必须按照规定编制、审核专项施工方案，超过一定规模的要组织专家论证。 2. 立杆顶部自由端高度、顶托螺杆伸出长度严禁超出规范要求。

预控项目		主要施工风险	预控要点
	/	模板及支撑体系安全风险	3.模板支架搭设完毕应当自检并通知监理单位组织验收，验收合格的，方可铺设模板。 4.模板在安装过程中，必须设置有效防倾覆的临时固定设施。 5.模板上施工荷载应符合规范要求，必要时混凝土现浇前进行预压。 6.混凝土浇筑时，必须按专项施工方案规定的顺序进行，应当指定专人对模板支架进行监测，发现异常，应立即暂停浇筑，处理后再施工，架体存在坍塌风险时，应当立即组织作业人员撤离现场。 7.混凝土强度必须达到规范要求，并经确认后方可拆除模板，拆除应从上而下逐层进行。 8.采用碗扣式脚手架做满堂支架时，梁体不规则位置出现的断缝须采用钢管加固。 9.动火作业应按动火作业相关要求实施到位，并履行动火审批程序，设专人监管，现场配灭火器。 10.做好临边防护，高大模板搭设时按方案要求设置安全兜底网防止高处坠落事故
4.6 主体工程施工	4.6.3 钢筋工程	钢筋加工及安装触电伤害安全风险	1.电工、电焊工必须持证上岗，并经安全教育培训交底，作业过程中正确佩戴劳动防护用品，电工、电焊工必须穿绝缘鞋、戴绝缘手套。 2.严格按规范做好外电防护。 3.施工现场电气设备、线路严格按方案要求安装、敷设，高压线下施工时必须制定专项安全措施，并设专人监护。 4.电焊机必须做好保护接零，交流电焊机须配二次空载降压保护器或防触电保护器。 5.电焊机一次线严禁超5m，二次线严禁超3m，二次线不应使用老化、多接头电缆。 6.严禁用钢筋等用作搭铁（回路）线。 7.雨天禁止露天电焊
		钢筋安装坍塌安全风险	1.钢筋安装前应进行方案及安全技术交底，明确绑扎钢筋和临时架立筋工艺要求。 2.绑扎基础钢筋时按规定摆放支架或马凳架起上部钢筋，不得任意减少。 3.钢筋绑扎至一定高度时，应按要求采取临时加固措施，防止钢筋倾覆。 4.严禁在已绑扎完成的钢筋网上方集中堆载。 5.当钢筋工程发生倾斜时，不得强行拨正
		钢筋起重伤害安全风险	1.设备进场前必须报验，特别是各种安全装置，验收合格后方可进场作业。 2.起重吊装机械司机、建筑起重信号司索工必须持有效证件上岗。 3.起吊作业严格签发"起吊令"。

预控项目		主要施工风险	预控要点
4.6 主体工程施工	4.6.3 钢筋工程	钢筋起重伤害安全风险	4.起重吊装影响范围必须设置警戒区域,作业时严禁人员入内。 5.起重吊装人员须严格遵守安全技术操作规程,严格执行"十不吊"规定。 6.起吊钢筋时,规格须统一,严禁长短参差不一,严禁单点起吊,小物件须采用吊篮起吊
		钢筋制安机械伤害安全风险	1.在进行钢筋制安时,应严格按照操作规程进行机械操作。 2.钢筋切割机、弯曲机等设备转动部位应防护到位。 3.钢筋切割机、弯曲机等严禁使用倒顺开关。 4.调直区域应设警戒带,无关人员不得入内。 5.短钢筋加工时,应采取相应的防护措施。 6.砂轮切割机的夹紧装置及防护罩必须完好
	4.6.4 混凝土工程	混凝土浇筑爆模安全风险	1.支撑体系搭设完成后,须完成验收手续,合格后方可进行模板安装。 2.模板安装前应对方案及安全技术进行交底,严格按照方案加固后必须按浇筑顺序"三检制"要求完成报验手续。 3.混凝土浇筑过程中,应严格控制浇筑速度和下料高度,浇筑过程中应安排专人进行支架体系检查,发现问题应立即处理
		混凝土泵车安全风险	1.泵车入场前须报验,验收合格后方可入场。 2.泵车到达架设位置后,应先检查支腿部位地基情况,确认无误后方可架设。 3.泵车架设时,应采用钢板或木方进行支垫,支腿应完全张开。 4.泵车在进行供料时,应严格执行安全操作规程,泵管支伸长度应符合要求。 5.末端软管须采取措施避免剧烈摆动
		混凝土运输车辆伤害安全风险	1.场地内设置减速带,并设置限速标识。 2.运输车辆进入场地后应设专人进行指挥,并设置警戒区域,运输通道严禁人员随意通行。 3.夜间施工应保证照明措施到位
		混凝土输送管路爆管安全风险	1.混凝土浇筑前,应对输送管道和管道接头进行检查,发现变形、破损或连接不牢靠的应及时进行更换或加固。 2.混凝土浇筑前,采用砂浆对输送管道进行润管,防止堵管。 3.混凝土进入现场后,先检查其和易性。 4.保持混凝土输送的连续性,若长时间未输送,应再次进行润管。 5.浇筑过程中,若出现堵管时不得强行进行混凝土输送,应将管路疏通后再进行作业。 6.输送管在移动过程中,管口下方严禁站人

预控项目		主要施工风险	预控要点
4.6 主体工程施工	4.6.5 防水工程	防水施工火灾安全风险	1. 防水施工若需要采用焊接等动火作业时，应先申请动火作业证，经同意后方可实施。 2. 防水施工区域应配备足够的灭火器材。 3. 焊接时应设隔离板，防止焊渣点燃防水板。 4. 在更换气瓶时必须关火禁止在防水层上操作喷头，点火时不得正面对人并远离气瓶、防水材料及其他易燃易爆材料卷材，夏季高温施工时严禁气瓶暴晒，冬季施工时严禁用喷头对气瓶进行加热。 5. 防水施工区域应设置禁止烟火等警示标识。 6. 作业完毕后，应切断施工电源，并检查隐患消除情况，确认无隐患后人员方可离开
		防水施工高处坠落安全风险	1. 临边、洞口应做好防护，挂设安全警示标牌。 2. 在高于2m处防水施工时，应搭设规范的作业平台，人员系挂安全带，高挂低用
		防水施工中毒安全风险	1. 作业人员应佩戴防中毒防护用品。 2. 材料应满足设计要求，送检合格方可使用。 3. 有限空间进行防水施工时，必须加强通风并进行气体检测，确认无隐患后人员才可进入。 4. 防水作业区必须保持通风良好。操作人员操作时如有头痛、恶心现象应停止作业。患有材料刺激过敏人员不得参加相应的工作
	/	砌体工程施工安全风险	1. 砌体结构工程施工中，应按施工方案对施工作业人员进行安全交底。 2. 施工机械的报验使用应符合有关规定，并定期检修。 3. 砌筑用脚手架应按方案搭设，特别注意平台应满铺跳板、避免探头板，验收合格后，不得随意拆除或改动；使用移动式操作架时，应保证止滑轮处于制动状态。 4. 脚手架上堆料量不得超过规定荷载，均匀放置，不得偏心；普通砖、多孔砖不得超过3层，空心砖或砌块不得超过2层。 5. 每日砌筑高度不得超过1.8m。 6. 不准站在墙顶上做划线、刮缝及清扫墙面或检查大角垂直度等工作。 7. 吊/转运材料严格遵守安全操作规程；施工废料、垃圾及时清理，严禁上下抛掷物件
	/	钢结构工程施工安全风险	1. 钢结构工程实施前，应编制（包括起重吊装方案在内的）专项施工方案；重要钢结构工程的施工技术方案和安全应急预案，应组织专家评审；已完成钢结构应做安全性验算。 2. 钢结构吊装前，按照吊装令要求检查吊装机械设备、钢丝绳及作业基础，构件绑扎方法正确，吊点处应有防滑防割措施。

预控项目	主要施工风险	预控要点
4.6 主体工程施工	钢结构工程施工安全风险	3. 起吊钢构件时要有专人指挥，设置吊装警戒区，并派专职人员现场监督。 4. 钢柱就位未正式固定前，须采取可靠的临时固定措施，上部用缆风绳固定。 5. 登高安装钢梁时，应视钢梁高度，在两端设置挂梯或搭设钢管脚手架。 6. 已吊装铺设的钢材在正式安装前应进行可靠的固定；材料应均匀、分散堆放在平台上。 7. 在高空用气割或电焊切割时，应采取措施防止割下的金属、熔珠或火花落下伤人
	运输体系安全风险	1. 群塔作业： （1）塔吊安装、拆卸必须编制专项施工方案并备案，塔吊安装前必须通知监理单位对机械设备资料、状况、安装人员资质、证件进行检查。 （2）两台以上塔式起重机在同一现场交叉作业时，应当制定塔式起重机防碰撞措施（群塔作业施工方案），任意两台塔式起重机之间的最小架设距离应符合规范要求。 （3）人员应严格按照塔吊起重吊装规程执行，严禁违规违章作业，严禁野蛮施工，坚持群塔施工运行原则，司索指挥应持对讲机联络指挥。 （4）按规定定期对塔吊设备进行检查、维护，确保各种安全装置等机况良好。 2. 施工升降机： （1）装拆单位必须具有相应的资质和安全生产许可证，装拆人员必须取得建筑施工特种作业人员操作资格证。 （2）装拆人员应佩戴安全防护用品，高处作业人员应系挂安全带、穿防滑鞋。 （3）导轨架组装时各连接件和连接件的防松脱件应符合规定。 （4）附墙架与建筑物的连接应牢固可靠。 （5）安全装置应齐全并灵敏、可靠，制动器应制动可靠；防坠安全器，在一年有效标定期内使用；每次安装完后和使用中每隔三个月必须做一次坠落试验。 （6）出料平台架搭设，应满足规定要求并标准化，出料平台每层连墙件必须拉设牢固到位，并形成稳定结构。 （7）严禁超载，载人不得超过9人。 （8）每层必须设通信联络装置
4.7 道路施工	水稳层施工安全风险	1. 施工机械进场前必须报验，合格后才可进场，使用过程中，加强检查、维修、保养。 2. 材料运输按指定线路行走，不得超载超速。 3. 摊铺机开机前确认两边防护罩不能开启，作业半径内严禁人员逗留，并设专人指挥

预控项目		主要施工风险	预控要点
4.7 道路施工	/	混凝土面层施工安全风险	1. 振捣器、切缝机必须配专用开关箱，漏电动作电流为 30mA 级，严禁使用倒顺开关。 2. 浇筑前应检查振捣器、电缆是否完好；浇筑过程中，严禁电缆拖拽。 3. 切缝刻槽作业范围设警戒区，设专人监护
	/	沥青面层施工安全风险	1. 振捣器、切缝机必须配专用开关箱，漏电动作电流为 30mA 级，严禁使用倒顺开关。 2. 卸料车卸料和交通导流要设专人负责指挥和管理，并有专人负责指挥摊铺机摊铺作业。 3. 在摊铺过程中，配合人员正确佩戴劳保防护用品，防止烫伤、中毒
4.8 附属工程施工	/	围墙施工安全风险	1. 砌体结构工程施工中，应按施工方案对施工作业人员进行安全交底。 2. 施工机械的报验使用应符合有关规定，并定期检修。 3. 砌筑用脚手架应按方案搭设，特别注意平台应满铺跳板、避免探头板，验收合格后，不得随意拆除或改动；使用移动式操作架时，应保证止滑轮处于制动状态。 4. 脚手架上堆料量不得超过规定荷载，均匀放置，不得偏心；普通砖、多孔砖不得超过 3 层，空心砖或砌块不得超过 2 层。 5. 每日砌筑高度不得超过 1.8m。 6. 不准站在墙顶上做划线、刮缝及清扫墙面或检查大角垂直度等工作。 7. 吊/转运材料严格遵守安全操作规程；施工废料、垃圾及时清理，严禁上下抛掷物件。 8. 基础施工必须严格按方案作到位
	/	绿化工程施工安全风险	1. 树木起吊时，钢丝绳与吊钩要联结牢固，装卸人员不得站在货物移动前方和钢丝绳附近。 2. 起重吊装前签发"起吊令"，其他按"起重吊装"预控要点实施。 3. 洒水水泵必须配专用开关箱，漏电动作电流应为 15mA 级
	/	车顶防护安全风险	1. 车顶作业安全防护措施必须符合规定。 2. 高处作业人员正确佩戴劳动防护用品，下方设专人监护

第5章 矿山法隧道施工安全风险预控要点

预控项目	主要施工风险	预控要点
5.1 进洞 准备工作	5.1.1 竖井 开挖、支护	竖井开挖、支护 损坏既有管线、建 （构）筑物安全风险	1.对影响范围内的管线资料、建（构）筑物进行收集、调查、核查。 2.与施工区域及影响范围内相关管线、建（构）筑物产权单位签订安全协议。 3.施工区域及影响范围相关管线、建（构）筑物产权单位组织对现场管线等进行交底。 4.施工前应对既有管线、建（构）筑物进行评估、鉴定。 5.在施工过程中根据相关规范要求对施工区域及影响范围内既有建（构）筑物进行监测，发现异常，及时采取有效措施，确保建（构）筑物的安全。 6.未及时改迁的既有管线、建（构）筑物应按相应要求留好安全保护距离，并做好标识，此范围在既有管线、建（构）筑物改迁之前严禁动土。 7.作业时设专人旁站监督，开挖等作业过程中遇到不明建（构）筑物时，需及时通知现场工程师及产权单位确定，并做好标识，禁止野蛮施工
		竖井开挖、支护 坍塌、涌水、涌砂 安全风险	1.严格按方案实施，分层分段开挖。 2.开挖临时安全边坡，根据工艺特点及时支护，不得滞后、漏支。 3.围护结构及止水措施质量应满足要求。 4.对于挂网锚喷工艺的必须分层分段及时支护，严禁多层多段后集中支护。 5.做好降水、排水工作。 6.做好水位、变形等监测工作，发生报警、异常等情况，应立即停止作业。 7.编制应急救援预案，定期组织演练，按程序启动应急预案，并采取相关措施
		竖井开挖、支护 土体隆起、冒浆、 翻砂安全风险	1.严格按方案、交底施工。 2.合理组织开挖施工，基坑必须采用分段、分层开挖，及时分段浇筑垫层进行施工，以减少基坑暴露时间。 3.做好坑内降水、排水，防止坑内积水、基底软化。 4.必要时采取坑内地基加固技术措施。 5.制定应急救援预案，出现异常情况时按照规定程序采取应急措施
		竖井开挖、支护 高处坠落安全风险	1.基坑周边设置牢固的安全防护栏杆。 2.严禁在钢（混凝土）支撑上行走，必须在其上作业时，则应安装安全绳。 3.高处作业时正确系挂安全带。 4.上下竖井设置安全通道，数量满足要求

续表

预控项目		主要施工风险	预控要点
5.1 进洞准备工作	5.1.1 竖井开挖、支护	竖井开挖、支护物体打击安全风险	1. 作业过程中做好安全警戒，严禁上下重叠作业。 2. 临边严禁堆放料具，并及时清理临边支撑及冠梁上杂物。 3. 吊装物一定要捆扎牢固，散装物、体积较小的要放在专用吊笼内
		竖井开挖、支护机械伤害安全风险	1. 作业前对机械设备的摆放进行检查，基础要平整、设备无倾斜。 2. 加强机械设备操作人员的教育培训、交底，在显著位置挂操作规程牌，作业中严格按照操作规程操作。 3. 机械设备定期维修保养，发现机械设备运转异常时，按照现场处置方案及时应对。 4. 机械作业时，应安排专人进行监护，机械作业半径内严禁人员通行或停留。 5. 开挖过程中应严格按照措施进行分层分段放坡，施工通道及作业平台应满足承载力要求，机械摆放位置合理，避免悬空作业现象
	5.1.2 竖井提升设备	竖井提升作业起重伤害安全风险	1. 竖井提升设备按程序办理相关手续，现场张贴使用登记证。 2. 起重吊装前，划定危险作业区域，设置醒目的警示标识，防止无关人员进入。 3. 起重机司机、信号司索工应持有效合格证件，确保持证上岗。 4. 起重机械和起重工具的工作荷重不准超过铭牌规定。 5. 起重机械设备应按有关规定进行定期检验、检查和维护，并指定专人负责。起重机械的安全装置、刹车装置必须齐全、可靠，起重吊装作业前签发"起吊令"。 6. 起重作业应专人指挥，并按规定的指挥信号、手势指挥。起重前先鸣喇叭，或向现场人员发出明确信号。 7. 严格执行起重"十不吊"规定。 8. 严禁用提升设备吊运爆炸器材。 9. 提升设备属于轨道设备，还应安装防风措施，司机下班时及时安装铁靴或锁紧轨道夹等装置
		竖井提升作业物体打击安全风险	1. 现场工作人员和指挥人员应站在安全地方，防止被吊物件坠落伤人。 2. 吊装物严禁长短料混吊，吊运短料或散装物件时必须采用吊篮或吊笼
		竖井提升作业高处坠落安全风险	1. 高空临边必须设好防护，平台要满铺跳板。 2. 人员上下龙门吊要穿防滑鞋

预控项目		主要施工风险	预控要点
5.1 进洞准备工作	5.1.3 斜井开挖、支护	斜井开挖、支护损坏既有管线、建（构）筑物安全风险	1. 对影响范围内的管线资料、建（构）筑物进行收集、调查、核查。 2. 与施工区域及影响范围内相关管线、建（构）筑物产权单位签订安全协议。 3. 施工区域及影响范围相关管线、建（构）物产权单位组织对现场管线等进行交底。 4. 施工前应对既有管线、建（构）筑物进行评估、鉴定。 5. 在施工过程中根据相关规范要求对施工区域及影响范围内既有建（构）筑物进行监测，发现异常，及时采取有效措施，确保建（构）筑物的安全。 6. 未及时改迁的既有管线、建（构）筑物应按相应要求留好安全保护距离，并做好标识，此范围在既有管线、建（构）筑物改迁之前严禁动土。 7. 作业时设专人旁站监督，开挖等作业过程中遇到不明建（构）筑物时，需及时通知现场工程师及产权单位确定，并做好标识，禁止野蛮施工。 8. 超前管棚（锁脚）外（上）插角应严格控制。 9. 涉及注浆作业时要特别注意注浆压力及浆液扩散半径的控制
		斜井开挖、支护坍塌、涌水、涌砂安全风险	1. 随矿山法施工一起编制专项方案，并经专家审定、修改、交底后实施。 2. 严格按方案、交底进行施工，严格遵守"管超前、严注浆、短开挖、强支护、快封闭、勤量测"方针进行作业。 3. 开挖前必须做好超前地质预报和地质素描，发现与设计不符的，应及时调整施工方案。 4. 严禁循环进尺冒进，严禁拉中槽及中长台阶工艺。 5. 封闭成环距掌子面之步距应小于等于35m。 6. 超前管棚及预注浆范围均应满足要求的重叠长度。 7. 按方案加强作业面地下水的处理工作，渗出的水应及时抽排。 8. 尽量避免超挖，超挖部分应采用混凝土填实，避免空洞出现，并预埋注浆管。 9. 避免拱脚悬空，特别要杜绝两侧同时悬空。 10. 锁脚锚管应采用"L"形或"U"形，不得使用"一"形。 11. 单层网必须紧贴岩面。 12. 按规范、方案及时做好监控量测工作，监控量测点断面间距、测点埋设方式、初始值读取时间、监测频次均应符合要求。 13. 及时施作二衬混凝土。 14. 按应急预案组成部分做好应急物资储备、应急演练等工作

预控项目	主要施工风险	预控要点
5.1 进洞准备工作	5.1.3 斜井开挖、支护 斜井开挖、支护机械伤害安全风险	1. 作业前对机械设备摆放进行检查，基础要平整、设备无倾斜。 2. 加强机械设备操作人员的教育培训、交底，在显著位置挂操作规程牌，作业中严格按照操作规程操作。 3. 机械设备定期维修保养，发现机械设备运转异常时，按照现场处置方案及时应对。 4. 机械作业时，应安排专人进行监护，机械作业半径内严禁人员通行或停留。 5. 开挖过程中应严格按照措施进行分层分段放坡，施工通道及作业平台应满足承载力要求，机械摆放位置合理，避免悬空作业现象
	5.1.4 斜井运输 斜井运输车辆伤害安全风险	1. 车辆等设备严格履行报验手续，并特别注意刹车、灯光、喇叭等是否完好无损。 2. 斜井无轨运输道路必须硬化，并采取防滑措施；隧道综合纵坡要符合规范要求；平坡段、会车道，其长度应满足安全行车要求。 3. 斜井无轨运输车辆必须限速行驶。 4. 斜井每隔约 200m 设防滑车墩。 5. 斜井运输车辆应做好检查、维修、保养。 6. 斜坡道上应尽量避免停车及修车，必须停时，应安设防溜车装置。 7. 斜井采用有轨运输时，井口必须设置挡车器，轨道上设置防溜车装置，井底设防档门。 8. 斜井有轨运输时井身应设置躲避洞，井底停车场应设避车洞。 9. 斜井口、井下及卷扬机之间应有联络信号。提升、下放与停留应有明确的色灯和音响等信号规定。 10. 严格控制牵引运输速度
	5.1.5 洞门 洞门变形、下沉、破坏安全风险	1. 洞门处的临支刚度须满足要求或加大一级考虑，洞门基础必须置于稳固的地基上，当地基承载力不能满足要求时，必须结合具体条件采取加固措施。 2. 应尽早对洞门处的临时支护进行封闭成环处理，必要时采取加厚反压措施处理，增强洞门稳定性。 3. 及时布设监控量测点，按要求进行监测。 4. 洞门开挖、支护按相应要点实施。 5. 必要时，及时施作二衬混凝土
	洞门施工高处坠落安全风险	1. 脚手架或简易作业平台必须有方案（措施）并交底。 2. 严格按要求进行搭设，经验收合格后才能投入使用。 3. 作业层必须满铺跳板，设置临边防护。 4. 高处作业人员正确佩戴安全带

预控项目		主要施工风险	预控要点
5.2 隧道开挖	5.2.1 超前支护与预加固	超前支护与预加固机械伤害安全风险	1 作业前对机械设备摆放进行检查，基础要平整、设备无倾斜。 2 加强机械设备操作人员的教育培训、交底，在显著位置挂操作规程牌，作业中严格按照操作规程操作。 3. 机械设备定期维修保养，发现机械设备运转异常时，按照现场处置方案及时应对。 4. 机械作业时，应安排专人进行监护，机械作业半径内严禁人员通行或停留
		超前支护与预加固触电伤害安全风险	1. 动力和照明应分路配设，所有设备必须配专用开关箱。 2. 掌子面照明必须使用安全电压。 3. 抽水机（潜水泵）的额定漏电动作电流应选用 15mA 级，电缆应使用整根电缆。 4. 设备开关不允许使用倒顺开关。 5. 交流电焊机必须配二次空载降压保护器或防触电保护器。 6. 所有设备都必须做好 PE 保护接零。 7. 现场须有电工值班，检修电路时应悬挂"有人检修、禁止合闸"警示牌
		超前支护与预加固高处坠落安全风险	1. 脚手架或简易作业平台必须有方案（措施）并交底。 2. 严格按要求进行搭设，经验收合格后才能投入使用。 3. 作业层必须满铺跳板，设置临边防护。 4. 高处作业人员正确佩戴安全带
		高压伤害安全风险	1. 注浆管接头连接牢固，防止爆管伤人。 2. 注浆过程中，随时观察注浆压力的变化，当压力超过规范值时，停机检查原因。 3. 严禁压力未下降至零时拆卸压力表、输浆管道、卸浆阀等。 4. 做好高压注浆机的日常检查维修保养。 5. 闲杂人员不得进入作业面，以免高压浆喷出或小导管冲出伤人
		化学浆液腐蚀安全风险	1. 作业人员穿戴防腐蚀功能的劳保用品。 2. 配置浆液时，严格按照操作规程，防止浆液飞溅到皮肤上。 3. 不慎接触后应立即用清水冲洗
	5.2.2 开挖	开挖损坏既有管线、建（构）筑物安全风险	1. 对影响范围内的管线资料、建（构）筑物进行收集、调查、核查。 2. 与施工区域及影响范围内相关管线、建（构）筑物产权单位签订安全协议。 3. 施工区域及影响范围相关管线、建（构）筑物产权单位组织对现场管线等进行交底。

预控项目		主要施工风险	预控要点
5.2 隧道开挖	5.2.2 开挖	开挖损坏既有管线、建（构）筑物安全风险	4. 施工前应对既有管线、建（构）筑物进行评估、鉴定。 5. 在施工过程中根据相关规范要求对施工区域及影响范围内既有建（构）筑物进行监测，发现异常，及时采取有效措施，确保建（构）筑物的安全。 6. 未及时改迁的既有管线、建（构）筑物应按相应要求留好安全保护距离，并做好标识，此范围在既有管线、建（构）筑物改迁之前严禁动土。 7. 作业时设专人旁站监督，开挖等作业过程中遇到不明建（构）筑物时，需及时通知现场工程师及产权单位确定，并做好标识，禁止野蛮施工。 8. 超前管棚（锁脚）外（上）插角应严格控制。 9. 涉及注浆作业时要特别注意注浆压力及浆液扩散半径的控制
		开挖坍塌、涌水、涌砂安全风险	1. 编制专项方案，并经专家审定、修改、交底后实施。 2. 严格按方案、交底进行施工，严格遵守"管超前、严注浆、短进尺、强支护、快封闭、勤量测"方针进行作业。 3. 开挖前必须做好超前地质预报和地质素描，发现与设计不符的，应及时调整施工工艺。 4. 严禁循环进尺冒进，严禁拉中槽及中长台阶工艺。 5. 封闭成环距掌子面之步距应小于等于35m。 6. 超前管棚及预注浆范围均应满足要求的重叠长度。 7. 按方案加强作业面地下水的处理工作，渗出的水应及时抽排。 8. 尽量避免超挖，超挖部分应采用混凝土填实，避免空洞出现，并预埋注浆管。 9. 避免拱脚悬空，特别要杜绝两侧同时悬空。 10. 锁脚锚管应采用"L"形或"U"形，不得使用"一"形。 11. 单层网必须紧贴岩面。 12. 按规范、方案及时做好监控量测工作，监控量测点断面间距、测点埋设方式、初始值读取时间、监测频次均应符合要求。 13. 及时施作二衬混凝土。 14. 按应急预案组成部分做好应急物资储备、应急演练等工作
		开挖作业物体打击安全风险	1. 严禁上下重叠开挖作业。 2. 临边严禁堆放杂物。 3. 边墙、正面、拱顶部位处的危石必须及时清理干净

预控项目		主要施工风险	预控要点
5.2 隧道开挖	5.2.2 开挖	开挖作业机械伤害安全风险	1 作业前对机械设备摆放进行检查，基础要平整、设备无倾斜。 2 加强机械设备操作人员的教育培训、交底，在显著位置挂操作规程牌，作业中严格按照操作规程操作。 3. 机械设备定期维修保养，发现机械设备运转异常时，按照现场处置方案及时应对。 4. 机械作业时，应安排专人进行监护，机械作业半径内严禁人员通行或停留
		开挖作业触电伤害安全风险	1. 动力和照明应分路配设，所有设备必须配专用开关箱。 2. 掌子面照明必须使用安全电压。 3. 抽水机（潜水泵）的额定漏电动作电流应选用 15mA 级，电缆应使用整根电缆。 4. 设备开关不允许使用倒顺开关。 5. 交流电焊机必须配二次空载降压保护器或防触电保护器。 6. 所有设备都必须做好 PE 保护接零。 7. 现场须有电工值班，检修电路时应悬挂"有人检修、禁止合闸"警示牌
		开挖涉爆安全风险	1. 必须编制专项方案，并经公安部门审批后才能实施。 2. 包括爆破员、押运员、安全员、库管员、技术员在内的爆破作业人员必须持公安部门颁发的相关证件才能上岗作业。 3. 爆破作业的关键参数必须符合方案要求。 4. 爆破物品须经押运员监督押送至爆破作业面，炸药和雷管必须分车或分人运输。 5. 如使用车辆运输，则车辆必须是公安部门核发的专用危险品运输车辆，其他车辆一律不得运输爆破物品。 6. 成孔后，爆破技术员必须验孔并在现场监督装药、堵塞等工作。 7. 爆破安全员全程负责爆破作业的安全监督工作。 8. 严禁边打眼壁边装药连线。 9. 警戒安全间距要满足方案及规范要求，做好警戒，无关人员撤离后爆破物品才能进入现场。 10. 禁止使用火雷管、电雷管起爆网络。 11. 所有爆破作业人员严禁作业时吸烟，携带手机。 12. 起爆后通风 15min 后，排险人员才能进入现场排险，之后其他人员才能进入作业。 13. 未爆炸物品应及时按要求做退库处理。 14. 如发现盲炮，必须按盲炮处理规程处理。 15. 严禁套打残眼。 16. 应按要求做爆破振速监测，如超标，则应立即调整爆破参数。 17. 其他未尽事宜以《爆破安全规程》办理

预控项目		主要施工风险	预控要点
5.2 隧道开挖	5.2.3 拱架制安	拱架制安触电安全风险	1. 动力和照明应分路配设，所有设备必须配专用开关箱。 2. 掌子面照明必须使用安全电压。 3. 抽水机（潜水泵）的额定漏电动作电流应选用 15mA 级，电缆应使用整根电缆。 4. 设备开关不允许使用倒顺开关。 5. 交流电焊机必须配二次空载降压保护器或防触电保护器。 6. 所有设备都必须做好 PE 保护接零。 7. 现场须有电工值班，检修电路时应悬挂"有人检修、禁止合闸"警示牌
		拱架制安物体打击安全风险	1. 隧道内搬运钢架应装载牢固，固定可靠，防止发生碰撞和掉落。 2. 钢架提升设备应有足够能力，埋设吊点应牢固。架设钢架时应采取防护措施，不得利用装载机作为钢架安装作业平台。 3. 钢架节段及钢架之间应及时连接牢固，防止倾倒
	5.2.4 喷射混凝土	喷射混凝土爆管伤人安全风险	1. 喷射混凝土作业人员应佩戴防尘口罩、防护眼镜等防护用具。 2. 送风准备喷混凝土前，喷射手必须抱紧喷枪，防止突然送风引起喷枪剧烈摆动伤人。 3. 非施工人员不得进入正在进行喷射混凝土的作业区，施工中喷嘴前严禁站人。 4. 喷射混凝土作业中如发生输料管路堵塞或爆裂时，必须依次停止投料、送水和供风。 5. 喷射混凝土施工中应经常检查输料管、接头的使用情况，当有磨损、击穿或松脱时应及时处理
	5.2.5 装碴与运输	装碴与运输车辆伤害安全风险	1. 车辆、装碴设备进场报验，特别检查刹车、灯光及喇叭等是否完好。 2. 装碴机械作业时，其回转范围内不得有人通过，并设专人指挥、监护。 3. 装碴过程中，应注意观察开挖面围岩的稳定情况，发现松动岩石或有塌方征兆时，必须先处理再装碴。 4. 向运碴车辆中装碴时，应避免偏载、超载。 5. 用扒碴机装碴时，若遇岩块卡堵，严禁用手直接搬动岩块，身体任何部位不得接触传送带。 6. 洞内应限速通行。 7. 洞内尽量不检修车辆，必须检修时应设好警戒，坡道上必须安设防溜车装置，液压顶升斗下必须设硬撑。 8. 加强车辆、装碴设备的检修、保养

预控项目	主要施工风险	预控要点
5.3 通风、防尘与风水电供应	5.3.1 通风、防尘	一氧化碳、瓦斯等有毒有害气体及粉尘超标安全风险	1. 通风方案应经过专项审查，经监理单位审批后实施。 2. 长及特长隧道施工应有备用通风机和备用电源，保证应急通风的需要。 3. 通风管安装作业台架应稳定牢固，经验收合格后方可使用。 4. 应定期对洞内空气进行检测，发现超标，须立即采取对应措施予以处理后才能继续作业。 5. 洞内作业人员，特别是司钻人员必须戴防尘口罩，不得打干钻。 6. 遇有中途持续停工情况时，再行施工时必须先通风，后检测，达标后才能进洞。 7. 当发生有毒有害气体超标等险情时，应立即启动应急预案，并由专业人员在配备保障措施后进入排险，其他人员不得盲目进入洞内
	5.3.2 供风	压力容器爆炸安全风险	1. 空压机站应有防水、降温和保温设施，并按规定配备消防器材。 2. 储气罐、安全阀、压力表应按规定进行检验，当储气罐容量、压力值达到压力容器时，则应按照压力容器进行管理。 3. 使用前应检查空压机的安全状况，确认完好后方可投入使用；使用过程中应经常检查维护，特别是排气阀，确保安全运转。 4. 操作人员应经专业培训并持证上岗，遵守安全操作规程。 5. 必须执行交接班制度，并做好交接班记录，值班人员不得随意离岗
		机械伤害安全风险	1. 运转过程中不得随意松动、拆卸任何管路附件和接头，防止设备内部带压的气液混合体溢出伤人。 2. 检修或维护时必须停机、切断电源并排尽压缩空气，同时将配电箱锁闭并悬挂"严禁合闸"警示牌，防止意外启动导致人员及设备的损伤。 3. 风机进风口必须设格栅防护，并设警示牌。 4. 空气机传动部位必须设防护罩
	5.3.3 供水	供水作业人员坠落安全风险	蓄水池顶部必须设防护棚，四周应设防护栏，并有明显的安全警示标识
	5.3.4 供电	供电作业触电伤害安全风险	1. 动力和照明应分路配设，所有设备必须配专用开关箱。 2. 掌子面照明必须使用安全电压。 3. 抽水机（潜水泵）的额定漏电动作电流应选用15mA级，电缆应使用整根电缆。 4. 设备开关不允许使用倒顺开关。 5. 交流电焊机必须配二次空载降压保护器或防触电保护器。 6. 所有设备都必须做好PE保护接零。 7. 现场须有电工值班，检修电路时应悬挂"有人检修、禁止合闸"警示牌

续表

预控项目	主要施工风险	预控要点
5.4 隧道防水与二衬	**5.4.1 防水施工** 防水作业高处坠落安全风险	1. 防水板挂设应设专门台架，台架整体结构要稳定，临边设防护，经验收合格方可使用。 2. 高处作业要正确佩戴安全带，穿防滑鞋
	防水作业火灾安全风险	1. 防水板的临时存放点应设置消防器材及防火安全警示标识，并有专人负责看管和发放。 2. 防水板铺设地段除应配足够的消防器材外，还应配备消防水源，并接好管路。 3. 防水板施工时严禁吸烟，钢筋焊接作业时，应设临时阻燃挡板防止机械损伤和电火花灼伤防水板。 4. 防水板作业面照明灯具严禁烘烤防水板。 5. 防水板、二衬台车等作业平台等作业层跳板，不能使用易（可）燃材料
	5.4.2 二衬 二衬作业机械伤害安全风险	1. 衬砌作业台车、台架应专门设计并有足够的强度、刚度和稳定性，衬砌台车、台架组装调试完成应经验收合格方可投入使用。 2. 使用衬砌台车进行混凝土浇筑作业时应安排专人检查台车支撑系统安全性能，如有松动应及时调整。 3. 台车上附着式振捣器必须安装牢固，手持插入式振捣棒必须有人拿稳后才能开动。 4. 混凝土输送泵进料口应加防护格栅，严禁泵送时使用钢筋等工具辅送混凝土
	二衬作业车辆伤害安全风险	1. 混凝土运输应按规定线路及限速行驶。 2. 过往台架、栈桥时应加强瞭望，倒车作业应有专人指挥，驻停时应有制动措施及安全警示标识
	二衬作业高处坠落安全风险	1. 衬砌作业台架、作业平台四周须设置安全栏杆、密闭式安全网、供人员上下的工作梯。 2. 衬砌台车内环要设置彩灯等警示标识。 3. 高处作业人员要正确佩戴安全带。 4. 衬砌台车工作台面应铺满脚手板
	触电伤害安全风险	1. 动力和照明应分路配设，所有设备必须配专用开关箱。 2. 掌子面照明必须使用安全电压。 3. 抽水机（潜水泵）的额定漏电动作电流应选用 15mA 级，电缆应使用整根电缆。 4. 设备开关不允许使用倒顺开关。 5. 交流电焊机必须配二次空载降压保护器或防触电保护器。 6. 所有设备都必须做好 PE 保护接零。 7. 现场须有电工值班，检修电路时应悬挂"有人检修、禁止合闸"警示牌

预控项目	主要施工风险		预控要点
5.4 隧道防水与二衬	5.4.2 二衬	钢筋掉落、倾覆安全风险	1. 隧道内运输钢筋应根据各类作业台架腹下净空、洞内设施情况进行装载并捆绑牢固，固定可靠，防止发生碰撞和掉落。 2. 衬砌钢筋安装过程中应采取临时支撑等防倾倒措施，临时支撑应牢固可靠并有醒目的安全警示标识，数量上原则不少于3个断面，并能满足要求，作业人员与过往机械不得踩踏、碰撞。 3. 钢筋骨架，严禁使用反铲等设备外力调整。 4. 绑扎的节点数不能大于梅花形布点要求，并严禁存在整根、整段未绑情况的出现。 5. 搭接、焊接长度、直螺纹连接工艺必须满足要求。 6. 钢筋绑扎顺序应符合要求，严禁从上往下绑，且作业台架上严禁堆放各种型号钢筋
5.5 不良地质和特殊岩土地质隧道	5.5.1 瓦斯隧道	瓦斯爆炸安全风险	1. 施工前，编制施工通风设计、预防瓦斯突出的措施和揭煤方法；必须经过专家论证，按审批方案施工。 2. 施工前必须对所有施工人员进行瓦斯知识和瓦斯危害安全教育。 3. 建立专门机构进行通风、防突、防爆及瓦斯检测工作并按规定做好监测记录，设置消防设施，并建立应急救护队伍。 4. 爆破工、电工、检测人员等必须持证上岗。 5. 执行"一炮三检制"和"三人连锁爆破制"。 6. 瓦斯隧道通风设施应保持完好。 7. 瓦斯隧道的主风机应有2条独立的供电线路，并装设风电闭锁装置。 8. 必须配置一套同等性能的备用通风机，并经常保持良好的使用状态。 9. 应采用抗静电、阻燃的通风管。 10. 临时停工地段不得停风，停风时应切断电源并设置栅栏与警告牌，人员不得进入。 11. 贯通后应继续加强通风，以防局部积聚。 12. 使用安全照明电压；输电线路必须使用密闭电缆，严禁裸线和绝缘不良的导线；洞内所有设备必须使用防爆型。 13. 必须配备应急照明（应急照明为防爆型）。 14. 严禁携带火源和产生火花的电子产品。 15. 洞内严禁一切可能产生高温和火花的作业，要动火必须严格执行动火审批制度。 16. 洞内瓦斯超过规定浓度，必须停工撤人。 17. 瓦斯监测设备应定期调校
	5.5.2 富水软弱破碎围岩隧道	塌方、冒顶安全风险	1. 施工前对围岩预加固及地表处理。 2. 施工过程中，一旦发现浑水、携带泥沙、顶钻、高压喷水、水量突然增大等异常情况，应立即停止施工，分析原因，采取措施进行处理。

预控项目	主要施工风险	预控要点
5.5 不良地质和特殊岩土地质隧道	5.5.2 富水软弱破碎围岩隧道	塌方、冒顶安全风险	3. 初期支护及时施作，尽早封闭成环。 4. 建立有效的监控体系，及时根据量测结果，评价支护的可靠性和围岩的稳定性，调整支护参数，确保施工安全。 5. 施工中妥善解决排水问题，防止地表水、地下水浸泡围岩。 6. 其他事宜同隧道开挖防坍塌、冒顶预控要点
	5.5.3 岩溶隧道	突水、突泥安全风险	1. 采用综合超前地质预报，探明溶洞的分布范围、类型、规模、发育程度和填充物、地下水的情况以及岩层的稳定程度等。 2. 施工前对围岩预加固及地表处理。 3. 当隧道溶洞与地表水存在水力联系时，溶洞处理和施工应选择在旱季进行。 4. 溶洞处理应编制专项方案，并严格按方案实施。 5. 其他事宜同隧道开挖防坍塌、冒顶预控要点
	5.5.4 风积沙和含水砂层隧道	漏沙、滑沙安全风险	1. 风积沙隧道开挖应遵循"先加固、后开挖"的原则，含水砂层隧道开挖应遵循"先治水、后开挖"的原则。 2. 开挖时应及时监测拱部支护的实际下沉量，当预留变形量过大或不足时，应及时调整。 3. 支护应及时，边挖边喷射混凝土封闭，遇缝必堵，严防砂粒从支护缝隙中漏出。 4. 含水砂层开挖地段，应采用排水管或其他设施将水引至已二次衬砌地段排出洞外。排水时，应采取过滤措施，防止砂粒被排走引起坍塌。 5. 其他事宜同隧道开挖防坍塌、冒顶预控要点

第6章　盾构（TBM）施工安全风险预控要点

预控项目		主要施工风险	预控要点
6.1 盾构（TBM）进场验收、组装、调试	6.1.1 盾构（TBM）进场验收	新机不适应性风险	购买前，应组织盾构地质适应性专家进行论证，新机应适应项目地质及周边环境要求
		旧机关键部位不适应性风险	进场前，应先进行盾构状态评估，然后组织专家对拟进场盾构的参数、带压系统等关键部位进行适应性审查
	6.1.2 盾构（TBM）组装	盾构（TBM）组装起重伤害安全风险	1. 起重吊装作业应编制安全专项方案。 2. 进场设备必须严格履行报验手续，确保设备的机况良好、安全装置完备有效。 3. 吊装前，应对盾构的吊耳焊接质量委托检测，并出具检测报告。 4. 吊装前，应对地基承载力进行验算、周围环境进行预判，再进行试吊。 5. 现场必须设置警戒线，非作业人员严禁进入吊装作业区域。 6. 吊装过程中应有专职安全员全程监控，发现异常应及时停止吊装作业。 7. 吊装作业必须严格遵守"十不吊"规定，并按起重吊装安全操作规程进行吊装作业。 8. 多台吊车联合作业时，应制定防撞措施，并服从统一指挥
		盾构（TBM）组装高处坠落安全风险	盾体组装高处作业时，必须系挂安全带，并安装可靠的固定装置；具备条件的应搭设临时作业平台，四周设防护栏杆，下口设踢脚板，作业层应满铺跳板
		盾构（TBM）组装作业物体打击安全风险	1. 作业区应设置警戒线，严禁非作业人员入内。 2. 做好临边防护，严禁抛掷物料。 3. 高处作业人员应携带工具袋，工具应全部入袋，严禁随意摆放。 4. 交叉作业时应设置安全隔离层。 5. 严禁人员在起吊物下穿行
		盾构（TBM）组装火灾安全风险	1. 动火作业应严格履行动火审批手续。 2. 特种作业人员应持证上岗，并严格遵守消防及安全操作规程。 3. 氧气与乙炔瓶间距应不小于5m，与明火距离应不小于10m。 4. 动火时，应配备灭火器材，并清除周围易燃易爆物品，焊接点下部应设防护装置
		盾构（TBM）组装触电伤害安全风险	1. 10kV高压用电，必须向供电部门单独申请供电手续，委托有电力主管部门颁发资质的单位，根据供电部门的供电方案进行施工、检测、验收、送电及维护等工作，操作人员应有高压进网从业资格。 2. 设备外壳应做好PE保护接零。 3. 交流电焊机必须配备二次空载降压保护器或防触电保护器。 4. 手持电动工具作业应满足相关规范要求

预控项目		主要施工风险	预控要点
6.1 盾构（TBM）进场验收、组装、调试	6.1.3盾构（TBM）调试	/	1. 变压器及高压电缆通电前应进行绝缘检测和耐压试验。 2. 高压管路产品应合格，最大承受压力值应能满足设计及规范要求，连接处必须紧密、牢固。 3. 调试人员应穿防滑鞋、绝缘鞋等劳保用品。 4. 调试过程中，应确保刀盘、皮带机、拼装机等设备运行前无人员或物料处于影响范围内
6.2 盾构（TBM）始发、到达	6.2.1盾构（TBM）始发、到达地层加固	盾构（TBM）始发、到达端头加固安全风险	1. 端头加固应编制专项方案，并组织专家评审，做好层层交底，确保严格按方案施工，同时加强始发、到达地层加固效果现场取芯抽样检查。 2. 对加固影响范围内的地下管线进行调查，准确掌握其相关情况，制定翔实的保护措施，并按措施落实到位。 3. 旋喷注浆拔管时，拔管范围内应设置警戒区，警戒区域内严禁站人。 4. 采用冷冻法加固时，应做好危化品安全管理。 5. 注浆时应控制注浆压力，以防堵管、爆管。 6. 应做好设备的防倾覆措施，定期对杆件、零部件进行检查，有松动、脱落的应及时处理。 7. 各种管路、阀门的连接应牢固、紧密。 8. 高处作业应严格落实防高坠措施
		盾构（TBM）始发、到达基座、反力架、洞门环止水装置安全风险	1. 安装前应确保测量、定位安装精度。 2. 吊装作业应按起重吊装安全管理规定执行。 3. 组织基座、反力架、洞门环止水装置等进行条件验收。 4. 高处作业应执行高处作业安全管理相关规定
		盾构（TBM）始发负环管片拼装与拆除安全风险	1. 拆除应编制专项方案，做好层层交底，确保严格按方案施工。 2. 安装后的加固措施应可靠，确保安全要求。 3. 应设专人进行全程监控。 4. 应做好影响范围内的高压电缆保护。 5. 负环管片拆除前，管片的残留应力应解除。 6. 吊装作业应按起重吊装安全相关规定执行
		盾构（TBM）始发、到达洞门破除安全风险	1. 洞门破除前，应对洞门周边土体加固效果进行检查，确保满足要求。 2. 涉及高处作业应搭设操作平台，验收合格后才能投入使用。 3. 严禁上下交叉作业。 4. 破除洞口作业人员应佩戴防尘口罩、护目镜等防护用品，涉及高处作业应系好安全带。 5. 简易操作架体的强度、稳定性应满足要求，严禁在架体上堆放物料。 6. 应严格按照方案实施洞口拆除。 7. 钢筋切割应严格履行动火审批程序，并设专人监护，作业后确保无火灾隐患才能离开

预控项目		主要施工风险	预控要点
6.2 盾构（TBM）始发、到达	6.2.1 盾构（TBM）始发、到达地层加固	盾构（TBM）始发、到达掘进安全风险	1. 始发、到达前，应对洞门止水密封检查，确保洞门止水装置的密封性满足要求。 2. 严格控制掘进参数，防止涌水、涌泥等，并做好导线和高程的测量控制，精确确定其位置，调整掘进参数，控制好盾构姿态。 3. 到达时，应对管片做拉紧处理，并确保管片背后填充密实
	6.2.2 全封闭钢套筒工艺盾构（TBM）始发、到达	全封闭钢套筒工艺盾构（TBM）始发、到达安全风险	1. 编制专项方案，组织专家评审，做好层层交底，确保严格按方案施工。 2. 应注意钢套筒基座安装稳固、平整。 3. 应确保钢套筒端头、两侧的加固满足要求。 4. 确保每一节钢套筒的密封性满足要求，确保连接螺栓的强度、刚度和稳定性满足要求。 5. 盾构进入钢套筒，到达洞门时应停机对出洞管片进行二次注浆加固，保证注浆饱满密实，以防涌水、涌泥。 6. 二次注浆加固完成，应清理盾构刀盘与钢套筒端盖间渣土，减少对钢套筒端盖挤压。 7. 钢套筒上应安装检测装置，对钢套筒内的压力进行准确测试，确保无压状态下拆除。 8. 在端盖与套筒间设置定位销和拉结油缸，便于端盖与套筒连接螺栓拆除时实现受力转换，避免螺栓破坏和崩开。 9. 吊装作业应按起重吊装安全相关规定执行
6.3 管片预制	6.3.1 管片预制钢筋工程	钢筋切断作业安全风险	1. 设备应配备专用开关箱，做好PE保护接零，漏电保护器参数应满足规范要求。 2. 机械设备转动部位应安装防护罩。 3. 作业范围内严禁非作业人员进入。 4. 更换刀具（砂轮盘）时应停机断电。 5. 砂轮切割机应有夹紧装置
		调直机操作人员安全风险	1. 用电设备应设专用开关箱，做好PE保护接零，并确保漏电动作电流不应大于30mA，漏电动作时间不应大于0.1s。 2. 调直机两侧应设好防护。 3. 严禁戴手套作业，以免机械伤人
		钢筋弯曲安全风险	1. 用电设备应设专用开关箱，做好PE保护接零，并确保漏电动作电流不应大于30mA，漏电动作时间不应大于0.1s。 2. 严禁使用倒顺开关，应用按钮开关。 3. 弯曲机加工长料时，应多人联合作业。 4. 钢筋弯曲严禁一次超料作业。 5. 钢筋弯曲旋转范围内，严禁无关人员进入
		钢筋制作与安装安全风险	1. 架立筋的规格、数量应做专项设计，并检算其强度、稳定性。 2. 做好层层交底，严格按照交底布设架立筋。 3. 加工时应防止钢筋伤人意外发生。

预控项目		主要施工风险	预控要点
6.3 管片预制	6.3.1 管片预制钢筋工程	钢筋制作与安装安全风险	4. 电焊工应持证上岗。 5. 电焊工应穿绝缘鞋，佩戴绝缘手套、防护面罩等防护用品。 6. 设备应设专用开关箱，做好 PE 保护接零。 7. 交流电焊机必须配二次空载降压保护器或防触电保护器。 8. 动火作业应按相关要求实施到位，并履行动火审批程序，设专人监管
		钢筋运输与堆放安全风险	1. 运输应用专用车辆，车辆性能应符合要求。 2. 运输车辆严禁超载。 3. 运输时物料固定牢固，以防运输过程中散架。 4. 堆放应按规范进行，做好下垫上盖，堆放高度应满足规范要求，严禁超高
	6.3.2 管片混凝土浇筑	混凝土拌合安全风险	1. 设备应配置专用开关箱，做好 PE 保护接零，并确保漏电动作电流不应大于 30mA，漏电动作时间不应大于 0.1s。 2. 皮带转动部位应设置防护装置。 3. 搅拌筒运转时，禁止人员在筒边、筒内清理物料。 4. 设备维修时应拉闸断电，并挂"正在作业、禁止合闸"警示牌。 5. 必须进入筒内作业时，外部应设专人监护
		附着式振捣安全风险	1. 附着式振捣设备安装应牢固。 2. 振捣器的附着架体本身应安全稳定，其刚度应符合要求。 3. 附着式振捣器不宜长时间作业，维修时应断电
	6.3.3 管片脱模养护	管片脱模养护安全风险	1. 起重吊装时，严格遵守"十不吊"规定，并按起重吊装安全操作规程进行吊装作业。 2. 采用蒸汽养护时应制定防烫措施。 3. 蒸汽养护室内照明、电器等元器件应有防潮措施
	6.3.4 管片堆放	管片堆放安全风险	1. 起重吊装时，严格遵守"十不吊"规定，并按起重吊装安全操作规程进行吊装作业。 2. 铲车、卷扬机作业时，应遵守相应的设备操作规程。 3. 管片应把曲面朝上堆放，并严禁超高堆放。 4. 堆放时下部应铺垫平整，严禁倾斜堆放
	6.3.5 管片运输	管片运输安全风险	1. 管片运输车辆应满足相关要求。 2. 上下料时，起重吊装作业应严格遵守"十不吊"规定，并按起重吊装安全操作规程进行吊装作业。 3. 运输车辆装车时，应将管片放置稳定。 4. 运输管片过程中，运输车辆严禁超高、超速、超载，严禁人货混装
6.4 盾构（TBM）掘进	6.4.1 盾构（TBM）掘进作业	盾构（TBM）掘进作业掌子面坍塌安全风险	1. 加强地质补勘，重点对软硬不均、基岩凸起、全断面硬岩、孤石等不良地质的探测，并做好相关处理措施。

预控项目		主要施工风险	预控要点
6.4 盾构（TBM）掘进	6.4.1盾构（TBM）掘进作业	盾构（TBM）掘进作业掌子面坍塌安全风险	2. 盾构掘进作业应编制安全专项方案，做好层层交底，并严格按方案实施。 3. 掘进中严格控制相关参数。 4. 严格按照方案进行监控量测，及时反馈数据，指导掘进施工。 5. 按照方案，严格控制同步注浆量及注浆压力，必要时做好二次补强注浆。 6. 涉及相关专业（爆破、挖孔等），应按相关控制要点实施。 7. 编制施工监测方案，加强过程监测，并严格按方案实施。 8. 编制专项应急救援预案，现场配足备齐应急物资，确保满足应急需求
		盾构（TBM）掘进作业地表及既有管线、建（构）筑物变形、坍塌安全风险	1. 全面调查施工区域内的建（构）筑物，准确掌握其相关信息，并做好鉴定。 2. 全面调查既有管线，准确掌握其位置、类别等信息，并做好标识。 3. 对业主、设计交底的管线资料逐项采取措施核实。 4. 穿越重要既有管线、建（构）筑物，应编制专项方案，组织专家论证，并严格按方案实施。 5. 做好监控量测，视情况加密监测点，增加监测频次。 6. 穿越时，安排专人不间断的值班巡视，并做好领导带班检查。 7. 掘进过程中应合理预留注浆孔（管），注浆时应严控二次注浆压力，避免造成二次破坏。 8. 编制专项应急救援预案，备足备齐应急救援物资，确保能够满足应急需求
		盾构（TBM）掘进作业高压管路爆管安全风险	1. 高压管路产品应合格，承压力应能满足设计及规范要求。 2. 高压管路连接处必须紧密、牢固。 3. 使用中，做好高压管路的检查、维修、保养工作，发现问题应及时更换或报废处理
		盾构（TBM）掘进作业窒息与中毒安全风险	1. 盾构作业须配备气体检测仪，并定期检查。 2. 作业空间应配备符合要求的通风设备、照明设备、通信设备、应急救援设备等。 3. 作业人员应配备个人防护用品。 4. 区间应加强通风，洞内氧含量应满足要求，有毒有害可燃气体含量应不超标
		管片安装、同步注浆安全风险	1. 使用前，拼装机上严禁站人。 2. 使用前应检查拼装机的运转情况。 3. 应定期对吊装螺栓进行检查，损坏的应及时更换。 4. 吊装螺栓安装时应紧固到位。 5. 起吊时，下方严禁人员通行、停留。 6. 严格按照注浆方案、交底进行注浆作业。

预控项目		主要施工风险	预控要点
6.4 盾构 (TBM) 掘进	6.4.1 盾构 (TBM) 掘进作业	管片安装、同步注浆安全风险	7. 管路清洗前，应先泄压。 8. 砂浆罐清理时，应先切断电源，专人看护。 9. 作业过程中，防止砸伤、碰伤
6.5 垂直、水平运输	6.5.1 水平运输	轨道铺设安全风险	1. 搬运铺架应设专人指挥，防止轨道倾覆。 2. 轨道夹板连接应牢固、紧密，应设置轨距拉杆。 3. 接长、延伸段上端、末端应设置车挡装置
		电瓶车电瓶充电安全风险	1. 现场应设置电瓶车充电的专用场地，无充电间时四周应设置隔离及防护措施。 2. 充电房（池）应设防腐蚀措施，并做好防火措施。 3. 电瓶移动、吊装时严格遵守"十不吊"规定，并按操作规程进行作业。 4. 废旧电瓶不应随意丢弃，应集中回收。 5. 充电间的硫酸等易燃易爆品应按规定管控。 6. 应做好防触电措施
		轨道车辆行驶安全风险	1. 轨道车司机、指挥信号工应持证上岗。 2. 作业前应对司机、指挥信号工进行交底，明确相关作业要求。 3. 轨道车司机、指挥信号工应配备无线对讲机通信，运输车辆应定期维修、保养。 4. 轨道车在启动、弯道、作业点、到达时应减速慢行，并鸣笛，确保安全时才能通行。 5. 轨道车正常运行速度应满足相关要求，行至车架段时应减速慢行。 6. 轨道车除专用销子连接外，还应设软连接。 7. 运行区间应设置应急防溜车装置。 8. 轨道端头应设置专用车挡。 9. 轨道车辆除司机、调车员外严禁载人，长距离作业时应配备专用载人车辆。 10. 司机严禁离岗，确需离岗时应将车辆熄火、停稳，设置阻车器
		轨道上（旁）作业安全风险	1. 轨道上（旁）作业必须制定安全措施，并层层交底，确保安全措施落到实处。 2. 作业人员必须穿反光背心等防护用品。 3. 轨道上（旁）作业区域的前后位置，必须设警戒标识，并设专人监护。 4. 轨道上（旁）作业后应做到工完料清，严禁物料侵限。 5. 作业架体，应对其强度和稳定性检算，通行空间不能侵限，架体两侧、周围应设警示带
	6.5.2 垂直运输	井口垂直运输安全风险	1. 吊装作业应严格按起重吊装安全管理相关规定执行，起吊作业应严格遵守"十不吊"规定，起吊点的设置及定位措施应满足要求。 2. 严格执行钢丝绳、吊具等报废标准，加强起重设备的保养、检查。

预控项目		主要施工风险	预控要点
6.5垂直、水平运输	6.5.2垂直运输	井口垂直运输安全风险	3.严禁人员在起吊物下穿行、停留,起重司机严禁擅自离岗。 4.有轨编组吊至井底轨面时,作业人员在确保安全的条件下,才能靠近作业。 5.门吊长时间停运时,应锁紧夹轨器,遇恶劣天气应提前安装缆风绳等防倾倒措施
6.6盾构开仓作业	6.6.1常压开仓	常压开仓掌子面地层加固安全风险	1.地层加固必须编制安全专项方案,并层层交底,严格按方案实施。 2.确保地层加固效果满足方案要求。 3.地层加固后应按要求进行取芯试验,其各项指标满足要求后可以进行下道工序施工。 4.地层加固所用设备、用电应按相应规范执行
		常压开仓窒息与中毒安全风险	1.开仓前应通风,并进行有害气体检测,确保有害气体不能超标,氧气含量满足要求。 2.作业过程中,应配置气体检测仪实时监测,严禁有害气体超标作业。 3.条件具备时应进行活体测试,结果符合要求时方能进仓作业。 4.作业时应设专人监控,配备应急人员及氧气袋等急救物资
		常压开仓爆炸安全风险	1.作业点应加强通风,避免易燃易爆气体聚积。 2.作业过程中,应配置气体检测仪实时监测,严禁易燃易爆气体超标。 3.作业点照明应用安全电压供电,电气设备必须采用防爆型设备。 4.作业人员严禁携带火源、油类等物品进入;如需动火作业,应严格执行动火作业审批程序。 5.作业时应设专人监控,配备应急人员及氧气袋等急救物资
		常压开仓坍塌安全风险	1.作业前应对掌子面进行预判,确定掌子面稳定后,方可进仓作业。 2.需要预先加固的,应对不良地质采取加固措施,并按要求进行加固检测。 3.加强监控量测工作,发现异常情况,应立即停止作业,关闭仓门。 4.作业时应设专人监控掌子面
		常压开仓物体打击安全风险	1.严禁上下交叉作业。 2.作业人员应配备工具袋,工具应随用随入袋。 3.严禁在高处随意堆放物料,严禁抛掷物料。 4.搬运、移动重物时,应多人协同作业。 5.开仓换刀作业应保证换刀吊具完好可靠
	6.6.2带压进仓	带压进仓掌子面坍塌安全风险	1.带压进仓必须编制专项方案,层层交底,并严格按方案实施。 2.需要预先加固的,应制定加固措施,并按要求进行加固、检测。

预控项目		主要施工风险	预控要点
6.6 盾构开仓作业	6.6.2 带压进仓	带压进仓掌子面坍塌安全风险	3. 随时对仓内压力进行监测,确保压力平衡,避免失压状况发生。 4. 设专人进行监护
		带压进仓保压安全风险	1. 对进仓作业面周边进行检测、试保压,发现泄压时,人员撤离土仓至人仓,关闭土仓门,满足保压条件后,才能进仓作业。 2. 开仓前,对保压系统须检测,保证系统完好。 3. 出仓前严格按减压操作规程进行减压工作。 4. 带压进仓须备空压机、发电机,应急时使用
		带压进仓窒息与中毒安全风险	1. 开仓前应通风,并进行有害气体检测,确保有害气体不能超标,氧气含量满足要求。 2. 作业过程中,持续送风供氧,配置气体检测仪实时监测,严禁有害气体超标作业。 3. 作业时应设专人监控,配备应急人员及氧气袋等急救物资
		带压进仓爆炸安全风险	1. 作业点应加强通风,避免易燃易爆气体聚积。 2. 作业过程中,配置气体检测仪实时监测,严禁易燃易爆气体浓度超标。 3. 作业点照明应用安全电压供电,电气设备必须采用防爆型设备。 4. 作业人员严禁携带火源、油类等物品进入。 5. 作业时应设专人监控,配备应急人员及氧气袋等急救物资
		带压进仓物体打击安全风险	1. 严禁上下交叉作业。 2. 作业人员应配备工具袋,工具应随用随入袋。 3. 严禁在高处随意堆放物料,严禁抛掷物料。 4. 搬运、移动重物时,应多人协同作业。 5. 开仓换刀作业,保证换刀吊具的完好可靠性
6.7 盾构（TBM）调头和过站	/	/	1. 盾构（TBM）调头、过站必须编制专项施工方案,并层层交底,严格按方案施工。 2. 吊装作业遵守"十不吊"规定,严格按起重吊装操作规程进行作业。 3. 轨道应按要求铺设,误差应在允许范围内。 4. 卷扬机及辅助设备,严格按相应规程控制。 5. 加强对钢丝绳及辅助设施的维修、保养。 6. 设好警戒线,安排专人监控与指挥
6.8 联络通道	6.8.1 注浆加固与洞门破除	注浆加固与洞门破除安全风险	1. 编制专项施工方案,并层层交底,严格按方案施工。 2. 地质条件不满足要求的,应进行预加固。 3. 注浆施工应满足相关操作规程。 4. 施工用电严格按规范实施,照明(未二次衬砌段)须采用安全电压。 5. 做好机械通风、对有毒有害气体定期监测,并按规定对从事其作业人员配备劳保防护用品。 6. 高处作业应制定安全措施,并严格执行。

预控项目	主要施工风险	预控要点
6.8.1 注浆加固与洞门破除	注浆加固与洞门破除安全风险	7. 应规范堆放工料具，严禁抛掷物料、工器具。 8. 电焊作业时，严格按电焊操作规程控制。 9. 洞门破除前，应进行取芯检测，确保注浆加固效果满足要求。 10. 吊装作业应严格按起重吊装安全管理相关规定执行
6.8.2 冷冻法加固	冷冻孔成孔安全风险	1. 成孔机械设备应验收合格，严格按操作规程作业。 2. 高处作业应制定安全防护措施，搭设作业平台，并验收合格后才能投入使用。 3. 高压风管路连接必须紧贴、牢固，避免高压伤人
	冷冻管安装连接安全风险	1. 冷冻管安装应制定防落物措施，并严格执行。 2. 涉及高处作业，应搭设作业平台，验收合格后才能投入使用。 3. 冷冻管安装时，各部件连接部位应紧密、牢固
	冷冻过程安全风险	1. 制定防冻措施，层层交底，并严格执行。 2. 冷冻管路应按要求采取保温措施。 3. 作业人员应配备相应的防寒、防护用品。 4. 作业过程中，注意盐水管路的保护，防止管路破坏造成盐水泄漏
6.8 联络通道		
6.8.3 矿山法开挖	矿山法开挖安全风险	1. 矿山法开挖必须编专项安全方案，组织专家论证，层层交底，并严格按方案施工。 2. 总体坚持"管超前、严注浆、短开挖、强支护、快封闭、勤量测"方针。 3. 坚持"安全第一"原则，确保施工工艺满足围岩等级要求，并动态调整。 4. 各工作面严禁冒进，开挖作业时开挖循环进尺应满足要求。 5. 台阶长度应满足规定要求，软弱围岩严禁拉中槽施工。 6. 开挖作业台车，四周做好临边防护，作业层满铺跳板，挂设警示带（光电）。 7. 开挖时应做好监控量测，实时掌握拱顶下沉、水平收敛等变形参数，并指导施工。 8. Ⅲ级及以上围岩应设逃生通道，距离掌子面的距离应不大于20m，逃生管道的内径、壁厚、节长、材质应满足要求。 9. 施工用电严格按规范实施，照明（未二次衬砌段）须采用安全电压。 10. 涉及爆炸作业的，严格按相应规范实施。 11. 制定专项应急预案、备齐配足救援装备和物资，确保应急时满足要求。 12. 做好机械通风、对有毒有害气体应定期监测，并按规定对从事其作业人员配备劳保防护用品。 13. 未尽事宜参照第5章矿山法隧道（竖井、斜井）施工安全风险预控要点执行

続表

预控项目		主要施工风险	预控要点
6.8 联络通道	6.8.3 矿山法开挖	矿山法支护安全风险	1. 支护施工必须进行层层交底，交底中应明确锁脚管棚（锚杆）的高度、位置、数量，严格按交底作业。 2. 开挖时应做好超前支护，支护外插角度、搭接长度应满足设计及规范要求。 3. 开挖后初支应及时施作并尽快封闭成环。 4. 网片搭接长度、格栅拱架钢筋间距应满足要求。 5. 电焊作业时，应严格按电焊操作规程控制。 6. 喷射混凝土强度、厚度应满足设计及规范要求。 7. 喷射时视情况预留注浆管，对于后背空洞、不密实、渗水的应及时补注浆处理。 8. 支护涉及机械设备的使用、保养应遵守相应规定实施
		矿山法二次衬砌安全风险	1. 模板台车或简易衬车台架、拱架，其强度、刚度、稳定性必须满足要求。 2. 高处作业应制定安全措施，并严格执行。 3. 高处作业应规范堆放工料具，严禁抛掷物料、工器具。 4. 模板应加固牢靠，尽量对称浇筑，并控制浇筑速度，避免爆模发生。 5. 施工用电应满足相关要求，照明应采用安全电压。 6. 脱模应制定安全措施，作业区域设置警示标识，严禁上下交叉作业。 7. 严禁模板悬空，防止模板坍塌

第7章 桥梁工程施工安全风险预控要点

预控项目	主要施工风险	预控要点
7.1 钻（冲）孔灌注桩	7.1.1 钻（冲）孔施工	**钻（冲）孔损坏既有管线、建（构）筑物安全风险** 1. 钻（冲）孔前，应对附近施工区域内的既有建筑物、地上地下管线等进行排查调查、物探，收集原始资料，并留有影像资料，并经监理单位确认，有必要时必须请具有资质的鉴定单位出具周边建（构）筑物及管线鉴定报告。 2. 对有影响的建筑物、管线，应该和当地有关部门联系，协商改迁相关事项。 3. 对于施工期间可能影响及损坏的建（构）筑物及管线与产权单位签订"四方"保护协议，必要时引进第三方进行安全评估。地下电缆管线、煤气管道、有压力的管道，产权单位应进行安全技术交底，施工前对作业条件进行确认，并在施工过程中进行旁站监督，上述管道及架空线路施工方施工过程应采取有效保护措施，安排专人进行监护。 4. 现场技术人员做好现场标识，对机械操作人员进行详细安全技术交底，开挖时技术人员、监理人员进行旁站，并做好施工原始记录。 5. 依据施工现场制定合理的工序及工艺。 6. 对有影响建筑物按设计或专项施工方案进行加固处理，施工期间加强对建筑物监量量测，量测数据报警及时采取措施，确保满足要求后，方可恢复作业。 7. 对不满足安全距离要求的不得采用冲击钻施工。 8. 若现场已发生破坏，应按照既定的方案及时处理，并通知相关方派人处理
		孔口坠落安全风险 1. 对作业人员进行安全教育培训、交底和风险告知。 2. 对已埋设护筒未开钻或已成桩护筒尚未拔除的，应该在护筒上添加盖板，并在周围设置安全警示标识。夜间需加设夜间警示标识。 3. 钻（冲）孔施工过程中，应在孔口周围设置防护栏杆，栏杆高度1.2m，并放置稳定，悬挂安全警示标识。 4. 钻孔灌注完成后，应及时回填。 5. 夜间施工照明需充足，满足施工需要
		扩孔、塌孔安全风险 1. 扩孔安全风险控制要点： （1）钻（冲）孔前，选择合适的钻头尺寸，注意施工规范操作。 （2）钻（冲）孔灌注桩穿过较厚的砂层、砾石层时，控制成孔速度及泥浆比重黏稠度。 （3）钻（冲）孔灌注桩施工过程中，钻头摆动不宜过大。 （4）钻（冲）孔灌注桩施工过程中，随时检查垂直度。

预控项目		主要施工风险	预控要点
7.1 钻（冲）孔灌注桩	7.1.1 钻（冲）孔施工	扩孔、塌孔安全风险	（5）钢筋笼下放过程中注意平稳，严禁碰撞孔壁。 2. 塌孔安全风险控制要点： （1）在松散粉砂土和流砂中钻进时，应控制进尺速度，选用较大相对密度、黏度、胶体率的泥浆或高质量泥浆。 （2）汛期或潮汐地区水位变化过大时，应升高护筒，增高水头。 （3）发生孔口坍塌时，可立即拆除护筒并回填，静置一段时间后重新埋设护筒再钻。 （4）如发生孔内坍塌，回填黏土混合物，待回填物沉积密实后再行钻进。 （5）吊入钢筋笼时应对准孔中心竖直插入，严禁触及孔壁。 （6）各孔采取合理的施工工序和工艺（跳孔），避免相互影响。 （7）成孔后不宜长久搁置，应及时下钢筋笼及灌注混凝土。 （8）在钢护筒出口处应反复冲孔、造壁
		钻机倾覆安全风险	1. 施工前调查并处理施工场地，满足钻机停放及行走要求。 2. 加强对旋挖钻机、冲击钻机驾驶员的安全教育，使其能熟练地掌握有关操作技能。 3. 操作人员需持有效证件上岗，并定期对机况进行检修、保养，保证机况良好。 4. 对钻机加装力矩限制器，消除因超负荷而带来的安全隐患。 5. 钻机行走之前，必须检查地面情况，禁止在左右两边和前后地基虚实不一的情况下行走，并应与沟渠、基坑保持一定安全距离。 6. 移动前，必须把钻杆、钻具、动力头等尽可能置于较低位置，使钻机的重心最低。 7. 场地未能满足钻机要求时，应采取安全措施，保证安全。钻机行驶时要慢行，并密切留意钻杆垂直度。万一发生倾斜时，严禁继续移动钻机，保持钻机平衡。 8. 作业前应进行空载运转，检查行走、回转、起重等各机构的制动器、安全限位器、防护装置等，确认正常后方可作业。 9. 浇筑混凝土及下钢筋笼前，钻机主杆设置稳固装置措施。 10. 制定施工过程中发生卡、掉、捞等专项安全措施。 11. 大风大雨时，钻机应注意远离边坡、河道、基坑边等不良地质处。 12. 采用自动冲击装置时，必须有专人全程盯控。 13. 冲击钻应设立行程开关，制动良好，钢丝绳数量与直径相匹配，并设保险绳

预控项目		主要施工风险	预控要点
7.1 钻（冲）孔灌注桩	7.1.1 钻（冲）孔施工	钻（冲）孔施工用电安全风险	1. 施工现场的电缆线严禁拖地，必须进行架空或埋地处理，通过道路时，采取穿管保护。 2. 严禁私拉乱接电线，禁止使用淘汰产品。 3. 各级配电箱内电线与用电设备连接，保护接零和重复接地使用接线鼻，开关箱与操作设备之间距离不大于 3m，漏电保护器动作电流不超过 30mA，动作时间不超过 0.1s。 4. 各级配电箱底部进线口加装橡胶保护套，进出线电缆加装保护套进行保护。 5. 电工应持证上岗，并正确佩戴、使用劳保防护用品。 6. 电工加强日常的巡视，发现临时用电安全隐患，立即组织进行整改
	7.1.2 钻（冲）孔桩钢筋笼制作与安装	钻（冲）孔桩钢筋笼制作与安装施工用电安全风险	1. 加强安全教育培训和安全技术交底，对现场作业人员进行风险告知。 2. 人员持证上岗，正确佩戴劳动保护用品。 3. 严格按照临时用电安全技术规范和临时用电专项施工方案要求进行配电，并符合"一机一闸一箱一锁"的要求。 4. 严禁私拉乱接电线，接线由专业电工负责。 5. 加强临时用电安全管理，定期组织进行临时用电隐患排查治理工作。 6. 雨天、大风（6级以上）禁止电焊作业。 7. 电焊机的接地线不得用钢筋代替。 8. 电焊机的电缆电线不得随意摆放，应进行规范管理
		钻（冲）孔桩钢筋笼加工焊接作业火灾安全风险	1. 对进行电焊作业的现场作业人员进行消防安全教育培训和安全技术交底。 2. 实行消防安全责任制，确定消防责任人，定期组织消防安全检查，消除火灾隐患。 3. 配备足够的灭火器材，定期检查，并保证灭火器材有效可用。 4. 电焊作业前应仔细检查作业场所，在禁火区内严禁动火焊接，作业场所周围 10m 的范围内不得存在有易燃易爆物品，作业场地内及时进行杂物清理。 5. 在进行电焊作业时，应注意如电流过大导线包皮破损会产生大量热量，或者接头处接触不良均易引起火灾，电焊机定期检查维修，所有的施工现场机械设备和机具设备做好接零保护及二级漏电保护，作业前应仔细检查，对不良设备予以更换。 6. 氧气瓶与乙炔瓶应分开存放，并确保安全间距满足要求。 7. 雨天、大风（6级以上）天气严禁电焊作业。 8. 工作结束，要切断焊机电源，锁好开关箱，并检查作业及周围场所，确认无引起火灾危险后，方可离开

预控项目		主要施工风险	预控要点
7.1 钻（冲）孔灌注桩	7.1.2 钻（冲）孔桩钢筋笼制作与安装	钢筋笼制作存放安全风险	1. 钢筋制作场地，编制各制作区、各存放区，各作业平台、运输便道、临时用电规划布置等专项方案，并执行到位。设置独立隔离施工区，非施工人员禁止入内。 2. 及时清理现场材料、杂物等。 3. 制作完成的钢筋笼经验收合格后，移存在存放区内，支垫离地30cm左右固定平稳，笼之间应有一定距离，便于工人穿梭作业，现场安排监护人员看护，禁止非施工人员进入施工区。 4. 钢筋笼应单层存放
		钻（冲）孔桩钢筋笼起重吊装作业安全风险	1. 起重、司索工必须经专门安全技术培训，考试合格持证上岗，不能违规违章作业。 2. 编制钢筋笼吊装施工方案，严格按照施工方案进行起重吊装作业。 3. 对吊装设备进场验收，定期进行维修保养，作业前必须检查作业环境、吊索具、防护用品。吊索具无缺陷，捆绑牢固，钢筋笼与其他物件无连接，确认安全后方可作业。 4. 起重吊装作业时必须确定吊装区域设立警戒标识，并派专人监护。 5. 大雨、大雪、大雾、雷电及风力6级以上等恶劣天气必须停止吊装作业。 6. 严格遵守起重吊装安全操作规程，拒绝违章操作，严格执行"十不吊"的规定。 7. 吊装前对钢筋笼的整体焊接质量（特别是吊钩的材质及焊接质量）进行检查，整幅钢筋笼在吊装前必须进行试吊，检查是否符合安全技术要求，确认安全后方可正式进行吊装作业。 8. 在钢筋笼起吊前必须重新检查吊点和搁置板的焊接情况，确保焊接质量满足起吊要求后方可开始起吊。 9. 如钢筋笼下放困难绝不可强行冲击下放，必要的时候将钢筋笼重新起吊，对孔位重新处理后再入孔。 10. 起吊司机连续作业期间不得擅自离岗，严禁在工作期间使用手机。为工作人员配备相应的沟通设备，进行统一指挥。 11. 所有吊装作业前必须完成吊装令的签认。 12. 所有吊装作业必须起重司索工和专职安全员同时在场方可吊装
		钻（冲）孔桩钢筋笼就位时坠落安全风险	1. 吊装前检查吊装场地、吊装设备状况、吊钩、吊具、钢筋焊接质量、防摆动及就位缆绳连接是否牢固。吊装就位统一指挥，操作人员缓慢对位施工，注意下钢筋笼在孔口处临时固定稳固，上钢筋笼与下钢筋笼连接时，操作人员与吊机配合密切，谨慎操作。钢筋笼下放就位后，起重机吊钩解钩人员必须系挂安全带。

预控项目		主要施工风险	预控要点
7.1 钻（冲）孔灌注桩	7.1.2 钻（冲）孔桩钢筋笼制作与安装	钻（冲）孔桩钢筋笼就位时坠落安全风险	2. 钢筋笼的临时就位辅助措施、使用构件的材质及连接质量满足强度要求。 3. 夜间施工必须满足照明要求。 4. 做好孔口操作平台及防坠落措施。 5. 严格遵守安全操作规范，严禁违章操作。 6. 钢筋笼下放应采用专用吊具，应设置钢筋笼接长专用平台及吊挂设施
	7.1.3 钻（冲）孔灌注桩施工	钻（冲）孔灌注孔口坠落安全风险	1. 对已埋设护筒未开钻或已成桩护筒尚未拔除的，应该在护筒上添加盖板，并在周围设置安全警示标识。夜间需加设夜间警示标识。 2. 钻（冲）孔施工过程中，应在孔口周围设置防护栏杆，悬挂安全警示标识。 3. 钻孔灌注时做好孔口操作平台及防坠落措施，完成后应及时回填，确保施工安全
		钻（冲）孔灌注运输车辆伤害安全风险	1. 车辆驾驶员持证上岗，严格遵守项目规章制度及交通规则，统一指挥，严禁违章作业。 2. 运输钢筋笼时，钢筋笼固定牢靠，严禁运输人员站在钢筋笼上或在车厢内一起运输，并在运输中派人监护运输中的交通安全。运送车辆进入施工便道、施工现场，注意架空线路的安全以及周边不良地段的预防措施。 3. 定期检查车辆的安全状况，确保制动等安全装置状态良好后，方可进行运输作业。 4. 夜间运输时，保证施工现场夜间照明充足
		钻（冲）孔输送管路爆管安全风险	1. 设备进场前进行组织验收。 2. 灌注混凝土前，对输送管路进行检查，检查接头及连接体系是否稳固，淘汰质量不合格的输送管路。 3. 在浇筑混凝土前必须对管道进行润管，浇筑混凝土后及时对管道进行清理，并安排专人检查验收。 4. 灌注前对混凝土的质量进行检查，对于质量不达标的混凝土，禁止使用。 5. 严禁作业人员站在输送管上施工作业
7.2 人工挖孔桩（不推荐使用）	7.2.1 人工挖孔桩开挖	人工挖孔桩孔口坍塌、涌水、涌砂安全风险	1. 编制专项施工方案，孔深超过16m或地质条件差时需要专家论证，严格履行审批程序，严格按照施工方案进行施工。 2. 做好孔口周边排水工作。 3. 错位开孔施工，护壁及时跟进，护壁不得落后1m，混凝土质量应合规，不得过早拆模。 4. 定期检查施工方案执行情况，技术及安全人员经常到现场了解进展情况并技术指导。 5. 孔内作业人员出现坍塌、涌水、涌沙不良地质预兆或突发时迅速撤离井内人员，采取措施处理后，方可进行重新作业

预控项目		主要施工风险	预控要点
7.2 人工挖孔桩（不推荐使用）	7.2.1 人工挖孔桩开挖	人工挖孔桩中毒与窒息安全风险	1. 每次下井作业前应抽样检测井内空气，当有害气体超过规定，应进行处理和用鼓风机送风，严禁用纯氧进行通风换气。 2. 作业工程中进行抽样检查并记录。当发现操作人员感到缺氧、窒息、晕倒，井上监护人员一边报警一边加强孔内通风，组织人员进行及时抢救，必要时及时转送医院。 3. 配足应急物资及药品，并在作业区域配置专业救护人员。 4. 桩孔较深时，上下联系可通过对讲机等方式，地面不得少于 2 名监护人员。井下人员应轮换作业，连续工作时间不应超过 2h
		人工挖孔桩孔口物体掉落安全风险	1. 孔口应有护筒（通常用混凝土浇筑而成），护筒顶应加宽至 500mm，并高于地面 300mm 以上的保护圈，并孔周边 1m 范围内，禁止堆放杂物，井上设置一人以上监护人员。 2. 孔口设警示标识，夜间施工要有红灯指示。 3. 距孔口顶周边 1m 范围内必须搭设高 800mm 围栏，孔口应加符合要求的盖板。 4. 挖出的土方应及时运离孔口，不得堆放在孔口四周 1m 范围内，机动车辆运行不得对井壁的安全造成影响。 5. 施工过程中下方施工人员头顶设置一道钢型弓形防护板。 6. 电动提升机支架坚固，井孔处设置必须牢固，电动提升机必须设置安全装置，检查合格后方可投入使用。经常检查维护吊具、吊绳、吊钩、吊篮、吊桶、吊笼、钢丝绳、减速器、限位开关、按钮开关等良好运行状态。 7. 在吊渣过程中，吊桶不宜装得过满，渣土应低于吊桶口。 8. 作业人员应佩戴劳动保护用品，上下协调配合一致。 9. 每次拆模时，要及时清理杂物，捆绑物要牢固，防止掉落伤人
		人工挖孔桩孔内照明及排水施工用电安全风险	1. 电器设备及电源线路必须由持证电工负责安装维护，验收合格后，方可投入使用。 2. 各孔用电必须分闸，严禁一闸多用，孔上电缆必须架空 2m 以上，严禁拖地和埋压土中，孔内电缆、电线必须有保护措施。 3. 照明应采用安全矿灯或 12V 以下的安全灯。 4. 孔底应布有集水井，保证排水及时，无积水，地面排水设施良好通畅。 5. 配齐备用逃生通道设备以及物资。 6. 施工作业人员严禁在孔内抽烟，严禁携带打火机等易燃易爆物品
		人工挖孔桩爆破安全风险	1. 编制专项方案，爆破单位持有资质证书，人员符合相关要求，到公安部门办理相关手续。

预控项目		主要施工风险	预控要点
7.2 人工挖孔桩（不推荐使用）	7.2.1 人工挖孔桩开挖	人工挖孔桩爆破安全风险	2. 爆炸物火工品的使用管理符合国家的相关规定及办法，安排专职人员进行监管。 3. 爆破时现场实行统一指挥。 4. 根据实际岩层情况，精确设计孔深、孔径及装药量等。 5. 加强爆破警戒，按规定处理哑炮。 6. 采取松动爆破，加盖防护网，确保附近房屋等建筑物的安全
7.3 承台	7.3.1 承台基坑开挖	承台基坑开挖坍塌、涌水、涌砂安全风险	1. 施工前，应对附近施工区域内的既有建（构）筑物、地上地下管线等进行排查、物探，收集原始资料，并留有影像资料。 2. 对有影响的建（构）筑物、管线，应该和当地有关部门联系，商量改迁相关事项。 3. 对于施工期间可能影响及损坏的建（构）筑物及管线与产权单位签订"四方"保护协议，必要时引进第三方进行安全评估。地下电缆管线、煤气管道、有压力的管道，产权单位应进行安全技术交底，施工前对作业条件进行确认，并在施工过程中进行旁站监督。上述管道及架空线路施工方施工过程应采取有效保护措施，安排专人进行监护。 4. 现场技术人员做好现场标识，开挖时技术人员进行旁站，并做好施工原始记录。 5. 依据施工现场制定合理的工序及工艺。 6. 对有影响建筑物按设计或专项施工方案进行加固处理，施工期间加强对建筑物沉降观测，沉降观测数据报警及时采取措施，方可恢复作业。 7. 编制承台施工方案，履行审批程序，严格按照施工方案进行施工，超过一定规模（5m以上）或周边环境复杂的需要专家认证。 8. 现场作业人员进行安全教育培训，安全技术交底，风险告知。 9. 做好周边及坑内的排水措施。确认基坑周边环境对基坑的影响。 10. 安装横撑防脱装置，挖机严禁压在钢板桩上作业。 11. 定期检查施工方案执行情况，技术和安全人员应在现场指导，并随时排除安全隐患。 12. 承台基坑周边2m内禁止堆放材料、机具、渣土等物。 13. 做好周边沉降观测及原始记录。 14. 坑内作业人员发现不良地质预兆或突发涌水、涌砂，迅速撤离坑内人员，采取措施处理后，方可进行重新作业。 15. 设置应急爬梯，做好应急预案及演练。 16. 开挖过程中严格按照坡度开挖，基坑较深时，应分级开挖，基坑周边应做好警戒。 17. 开挖影响既有道路车辆通行时应编制交通疏解方案。

预控项目		主要施工风险	预控要点
7.3 承台	7.3.1 承台基坑开挖	承台基坑开挖坍塌、涌水、涌砂安全风险	18. 开挖人员不得站在坑壁休息
		承台基坑开挖高处坠落安全风险	1. 基坑四周必须设置防护栏杆，防护栏高度不低于1.2m，两侧需要有密目网。防护栏杆不能有缺口，并在醒目位置挂置警示标牌。 2. 基坑内应按规范要求搭设爬梯做上下通道，供作业人员上下，严禁直接从基坑上面跳下，或者使用不合格的爬梯。 3. 靠近道路侧应设置安全警示标识和夜间警示灯（带），基坑防护栏距坑边距离不小于0.5m，深基坑防护栏距坑边距离不小于1m
		承台基坑开挖照明及排水施工用电安全风险	1. 基坑开挖必须按施工方案，挖设集水井，并做好基坑周边的排水措施。 2. 电缆线路进行架空处理，禁止直接绑扎在钢筋上，配电箱、开关箱内电器设备完好无缺，箱内无杂物，箱前通道畅通。 3. 现场用电必须由电工进行操作，非电工严禁私自作业，电工除做好规定的定期检查外，平时必须对电器设备勤巡查，发现事故隐患必须立即消除，严禁电器设备带病作业。 4. 电工应持证上岗，并正确佩戴防护用品。 5. 在下雨、大风（6级以上）天气严禁作业。 6. 临时用电严格按照临时用安全技术规范的要求进行配电，电缆线严禁线路从水中穿过。 7. 夜间照明设施满足施工需要
		承台基坑开挖边坡支护安全风险	1. 开挖前对作业区内既有建（构）筑物、地下管线等进行调查、物探、排查，对有影响的管线，应该和当地有关部门联系，商量改迁相关事项；施工期间可能影响及损坏的建（构）筑物及管道、管线，采取有效的加固防护措施或隔振措施，施工期间加强观测，与产权单位签订四方保护协议，必要时引进第三方安全风险评估。有风险较大的管道、管线，产权单位进行安全技术交底、监管、旁站，施工方施工时安排专人监管、看护。 2. 开挖须遵循"先支护后开挖"的原则，对软基要预先做好支护处理后方可开挖。 3. 基坑边土方应堆在离基坑边2m以外，堆土高度应小于1.5m，挖出的废弃土方应及时外运，避免基坑边荷载过重造成基坑坍塌事故。 4. 基坑开挖必须严格按方案进行放坡处理，具体坡度将根据现场实际情况决定。不具备放坡条件的基坑须加强支护，防止基坑垮塌。 5. 加强边坡稳定监测，设置边坡稳定预警值，一旦边坡滑移超过预警值立即撤离人员

预控项目		主要施工风险	预控要点
7.3 承台	7.3.2 承台钢筋与模板作业	承台钢筋与模板作业用电安全风险	1. 严格按照临时用电安全技术规范、临时用电专项施工方案进行配电，拒绝违章用电。 2. 电缆线路进行架空处理，禁止直接绑扎在钢筋上，配电箱、开关箱内电器设备完好无缺，箱内无杂物，箱前通道畅通。 3. 现场用电必须由电工进行操作，非电工严禁私自作业，电工除做好规定的定期检查外，平时必须对电器设备勤巡查，发现事故隐患必须立即消除，严禁电器设备带病作业。 4. 电工应持证上岗，并正确佩戴防护用品。 5. 在下雨、大风（6级以上）天气不得作业。 6. 电焊机的搭地线不得用钢筋代替
		承台钢筋与模板起重吊装作业安全风险	1. 起重司机、司索信号工应持证上岗，严格遵守安全操作规程，拒绝违章作业。 2. 确定起重吊装区域，在周围设置警示标识，非现场作业人员禁止进入。 3. 检查周围的环境，场地能够满足要求后再进行吊装作业。 4. 吊装前，检查起重机的吊臂，液压，吊钩，钢丝绳、报警器等构件的安全状态是否良好，保证安全状态良好后，方可进行吊装作业。 5. 定期组织人员对起重机进行维修保养。 6. 司机在吊装过程不得擅自离岗。 7. 禁止工作人员在施工期间私带手机。 8. 模板在吊装过程中，施工人员应站位在模板的两端位置，禁止前后站位。 9. 吊车起重站立位置必须平整，支腿下方必须支垫，防止倾斜。 10. 在起吊钢筋时应保证起吊水平，防止钢筋滑出伤人
		承台模板爆模安全风险	1. 对模板设计进行应力验算，确保模板受力、刚度、稳定性满足要求，施工前组织对模板进行验收。 2. 严格按模板设计进行安装，螺杆用双螺帽固定，对螺杆进行材质检测，螺杆、螺帽、垫片相匹配。对拉螺杆中的螺帽到外端距离不小于5cm，模板对拉螺栓上下、左右螺帽应相反错开使用。 3. 混凝土浇筑严格按方案进行，应匀速浇筑，不得浇筑过快，过程中安排专人检查发现问题及时纠正。 4. 施工过程中模板防止受外力撞击等影响。 5. 浇筑中应控制坍落度，不能直接冲向模板
		承台钢筋与模板加工、焊接作业火灾安全风险	1. 进行电焊作业时，操作人员持证上岗，并按照要求正确佩戴安全帽、绝缘手套、防护目镜、绝缘鞋等安全防护用品。

预控项目		主要施工风险	预控要点
7.3 承台	7.3.2 承台钢筋与模板作业	承台钢筋与模板加工、焊接作业火灾安全风险	2.模板加工作业中使用电焊、气割时，焊割设备必须安全保护措施完善，动火区域材料、杂物必须清理干净，严禁堆放易燃易爆物品，并设专人看护。焊机必须接地有效，气瓶立放、固定牢靠，必须保证两瓶之间有足够的安全距离不小于5m，距动火点不小于10m。乙炔减压阀、表处必须设防回火装置。同时严格遵守"十不焊"原则和相关安全管理规定，做好防火保护工作。 3.作业区域配备足够的正常功能灭火器材。 4.电焊气割施工前，确保钢筋与模板固定牢靠，气割部位不宜为受力部位
	7.3.3 承台混凝土浇筑	承台混凝土浇筑坠落安全风险	1.现场作业人员进行安全教育培训、安全技术交底、风险告知。 2.现场作业人员进行混凝土浇筑时，必须按照要求正确穿戴安全帽、防滑鞋、安全带等安全防护用品，安全带高挂低用。 3.混凝土浇筑过程中严禁人员在模板边缘休息和停留。 4.做好临边安全防护措施，护栏必须采用钢管焊接，严禁用钢筋焊接。 5.浇筑高度超过2m应设置混凝土浇筑平台，并配减速漏斗
		承台混凝土浇筑运输车辆伤害	1.混凝土运输车辆，定期进行维修保养，驾驶人员持证上岗，严格遵守项目规章制度，交通规则，严禁违章操作。 2.运输路线便道、施工场地满足运输车辆运输及混凝土浇筑条件，现场周边不良地质及架空线路设置安全防护措施，合理组织场内车辆运输路线，混凝土浇筑区设置警戒标识，服从现场指挥人员统一指挥。 3.夜间施工时保证照明充足，作业人员穿戴反光衣
	7.3.4 水中围堰施工	水上作业溺水安全风险	1.进入水上施工作业区域所有施工人员，穿戴好安全防护用品（安全帽、救生衣，高空作业系好安全带）。 2.水上施工作业区域周边设置防护栏杆，并张贴安全醒目标识、标牌。 3.夜间施工作业时现场保证足够照明设施。 4.现场各施工班组作业时做好现场施工安全生产监管工作。 5.施工作业时，禁止1人作业，2人以上方可施工作业。 6.现场的安全警示牌、警示灯、警示标识设置在醒目部位，有监督，有专人维护。 7.现场配置应急设备及物资，并安排专业急救人员。 8.应对现场作业人员就救援方式进行教育。 9.按要求配备救生小艇

预控项目	主要施工风险	预控要点
7.3 承台	7.3.4 水中围堰施工	水上船行撞击安全风险	1. 到海事部门办理水上、水下作业施工许可证，并按相关部门要求发布公告。 2. 水上施工平台按相关部门要求，设置警示标牌、安全标识牌和防护栏，夜间河道作业区域布置警示照明灯，电工经常检查、维护。 3. 围堰外围靠近航道侧设置防撞装置，并设明显警示标识
7.4 墩台、墩柱、系盖梁	7.4.1 墩台、墩柱、系盖梁钢筋与模版施工	墩台、墩柱、系盖梁钢筋与模板作业用电安全风险	1. 严格遵守临时用电安全技术规范及临时用电专项施工方案，门、锁完整，有防雨、防尘措施，箱内无杂物，箱前通道畅通。 2. 现场一切电器设备必须由电工安装、维护，非电工不得私自安装、维修、移动一切电器设备。电工除做好规定的定期检查外，平时必须对电器设备勤巡查、发现事故隐患必须立即消除，严禁电器设备带病作业。 3. 在下雨、大风（6级以上）天气不得作业。 4. 电焊机的搭地线不得用钢筋代替。 5. 电缆线与金属体采取绝缘措施，电工经常检查、维护
		墩台、墩柱、系盖梁钢筋与模板起重吊装作业安全风险	1. 起重司索工必须经安全教育培训，熟练掌握安全操作技能，考试合格后持证上岗，严格遵守安全操作规程，拒绝违章作业。 2. 进行吊装钢筋与模板作业时，对钢丝绳、吊钩、吊绳进行检查，确认周边环境，并在作业区域进行试吊作业，划定吊装作业区并设警戒标识，统一指挥，按"十不吊"要求作业。 3. 定期对拉杆、螺栓、螺母等易损件进行检测，不满足设计要求的必须立即更换。 4. 增加揽风绳固定措施。 5. 采用分段分节拆装作业。 6. 被吊装构件采用牵引绳缓慢作业，防止相互撞击。 7. 吊车司机不得擅自离岗，作业时禁止携带手机
		墩台、墩柱、系盖梁模板爆模安全风险	1. 对模板设计进行应力验算，确保模板受力、刚度、稳定性满足要求，施工前组织对模板、螺杆、螺帽进行验收。 2. 严格按模板设计进行安装，螺杆用双螺帽固定，对螺杆进行材质检测，螺杆螺帽垫片、相匹配。对拉螺杆中的螺帽到外端距离不小于5cm。 3. 混凝土浇筑严格按要求进行，控制浇筑速度，严格执行浇筑工艺，过程中安排专人检查发现问题及时纠正。 4. 注意防止施工模板过程受外力撞击等影响。 5. 操作员对现场道路、模板及缆风绳位置、工作场地进行检查确认，模板安装完成后组织验收

预控项目	主要施工风险	预控要点
7.4 墩台、墩柱、系盖梁	**7.4.1 墩台、墩柱、系盖梁钢筋与模版施工** 墩台、墩柱、系盖梁钢筋加工焊接作业火灾安全风险	1. 进行钢筋加工焊接的电焊作业操作人员，持证上岗，电焊区域禁止堆放易燃易爆物品，乙炔氧气瓶，有足够的安全距离5m，距动火点10m。乙炔减压阀、表处必须设防回火装置。 2. 配备足够的灭火器材，定期组织消防检查
	7.4.2 墩台、墩柱、系盖梁混凝土浇筑 墩台、墩柱、系盖梁混凝土浇筑坠落安全风险	1. 现场作业人员安全帽、防滑鞋、安全带等安全防护用品穿戴齐全，安全带高挂低用，禁止违章作业。 2. 保证作业平台定位准确，连接可靠；防护栏杆无缺口，高度符合要求；水平安全网安装到位，连接牢固。 3. 作业人员有高空作业禁忌症的严禁作业。 4. 增加夜间施工照明设施
	墩台、墩柱、系盖梁混凝土浇筑安装、拆除、物体打击安全风险	1. 现场作业人员安全帽、防滑鞋、安全带等安全防护用品穿戴齐全，安全带高挂低用，作业人员持证上岗。 2. 操作区设立安全警戒标识，禁止交叉作业。 3. 安装及拆除前，确认周边环境条件，对吊装机械进行检查验收，执行"十不吊"规定。 4. 现场统一指挥，吊物及时清理，操作工具随手放入工具袋，禁止随意抛物，吊物及时清理。 5. 禁止违章指挥及违章作业，吊装时指挥人员及操作人员应站位吊物两端，禁止站位在吊物下方及前、后面，拆除及安装严格应该按照施工方案要求进行施工。 6. 现场应设置应急救援物资以防突发事故
	墩台、墩柱、系盖梁混凝土浇筑运输车辆伤害安全风险	1. 混凝土运输车辆，定期进行维修保养，驾驶人员持证上岗，严格遵守交通规则，严禁违章操作。 2. 运输路线便道、施工场地满足运输车辆运输及混凝土浇筑条件，确认周边环境的影响，合理组织场内车辆运输路线，混凝土浇筑区设置警戒标识，服从现场指挥人员统一指挥。 3. 夜间施工时保证照明充足，作业人员穿反光衣
	墩台、墩柱、系盖梁混凝土浇筑输送管路爆管安全风险	1. 混凝土浇筑时，划分浇筑区域，非操作人员禁止入内，浇筑前，对输送管道进行检查，确保安全状态良好后，方可进行浇筑作业。 2. 各管路必须保证联结牢固、稳定，弯管处架设牢固的固定点及支撑点，避免管路产生摇晃、松脱。 3. 各管卡不应与地面或支撑物相接触，应留有一定的间隙，便于拆装，同时各管卡一定要安装密封圈并且紧固螺栓，保证各接头密封严密、不漏浆、不漏气。 4. 与泵机出口锥管相连的输送管应加固。

预控项目		主要施工风险	预控要点
7.4 墩台、墩柱、系盖梁	7.4.2 墩台、墩柱、系盖梁混凝土浇筑	墩台、墩柱、系盖梁混凝土浇筑输送管路爆管安全风险	5. 泵机附近和人员要进入的危险地段的输送管路应加以必要的屏蔽防护，以防因管路破裂或管卡松脱造成人员伤害。 6. 浇筑前，检查输送管路接头连接附着体条件加固措施，保证导管的安全状况良好，淘汰质量不合格的输送管路。在浇筑混凝土前必须对管道进行润管，浇筑混凝土后及时将管道进行清理干净由专人检查验收。 7. 现场应放置备用管道，发生爆管及时更换。 8. 应实时经常小泵量移动管内混凝土，以避免出现堵管现象，输送前充分湿润管壁
	7.4.3 水上墩柱、系盖梁施工	水上墩柱、系盖梁施工溺水安全风险	1. 进入水上施工作业区域所有施工人员，穿戴好安全防护用品（安全帽、救生衣，高空作业系好安全带）。 2. 水上施工作业区域周边设置防护栏杆，并张贴安全醒目标识、标牌。 3. 夜间施工作业时现场保证足够照明设施。 4. 现场各施工班组作业时做好现场施工安全生产监管工作。 5. 禁止1人作业，2人以上方可施工作业。 6. 现场的安全警示牌、警示灯、警示标识设置在醒目部位，有监督，有专人维护。 7. 保证作业平台定位准确，连接可靠；防护栏杆无缺口，高度符合要求；安全网安装到位，连接牢固；严格遵守安全操作规程。 8. 现场作业人员有水上作业禁忌症的严禁上岗。 9. 现场配置应急设备及物资，并设专职急救人员
		水上墩柱、系盖梁施工船行撞击安全风险	1. 到海事部门办理水上、水下作业施工许可证，并按相关部门要求发布公告。 2. 水上施工平台按相关部门要求，设置警示标牌、安全标识牌和防护栏，夜间河道作业区域布置警示照明灯，电工经常检查、维护。 3. 施工作业区外围靠近航道侧设置防撞装置，并设明显警示标识。 4. 作业人员进行安全教育培训，安全技术交底，风险告知
	7.4.4 系盖梁作业平台	系盖梁作业平台主要风险	1. 现场作业人员安全帽、防滑鞋、安全带等安全防护用品穿戴齐全，安全带高挂低用，禁止违章作业。 2. 作业平台的走道板、安全网、护栏、井字爬梯安全状态良好。安装防护栏杆，支架外侧布设密目安全网，高空作业平台应牢固可靠。 3. 脚手板铺满施工平台，并与支架可靠连接，严禁在操作平台上打闹，搭设和拆除过程中须系好安全带，探头板绑扎牢固，施工人员走动时注意脚手板是否安全，作业平台增加踢脚板，平台上不准放置重物。 4. 定期组织人员对操作平台进行检查，发现问题及时解决，确保操作平台安全可靠

预控项目		主要施工风险	预控要点
7.5 现浇混凝土梁	7.5.1 支架法现浇梁	支架体系坍塌安全风险	1. 编制专项施工方案，必须经过受力验算，确保支架的安全性；超规模的需要专家论证。 2. 按专项方案施工，对地基进行处理，并进行承载力试验，做好排水措施；对进场支架材质进行组织验收，并对构、扣件进行抽样试验检测，不符合设计安全要求的支架部件严禁使用；拼装时在安全技术员监督指导下，严格按设计方案及说明拼装。 3. 支架搭设拼装后，要对其平面位置、顶部高程、节点连接及纵、横向稳定性进行全面检查，尤其对连接部件是否牢固、支架顶托丝杠预留高度满足规范要求，支架与墩柱进行有效固定连接，拼装是否符合方案要求进行检查合格后，方可进行下道工序施工；按设计及规范、施工方案要求进行预压，并做好沉降观测记录，应采用分次加载的方法，不得集中堆载及偏载，严禁外力撞击及外力拉力作用，上下爬梯与支架分离设置。 4. 施工前组织支架验收，合格后方可浇筑混凝土，混凝土浇筑过程，专人负责支架体系检查，发现问题和隐患及时处理，并做好沉降观测记录，确保施工安全。 5. 支架纵横向剪力撑应连续从顶到底，扫地杆须满足离地距离小于250mm的要求
		支架施工高处坠落安全风险	1. 按照方案支架搭设、拆除作业时，设置警戒线，派专人监护，高处作业人员必须穿戴合适的个人防护用品，规范佩戴安全帽、安全带，遵循安全带"高挂低用"的原则。 2. 按照安装方案施工，做好临边及上下通道安全防护，各层支架做好操作平台及安全防护，安全网应满挂在外排杆件内侧大横杆下方，用铁丝把网眼与杆件绑牢；墩柱周边的支架应与墩柱连接稳固，以增加支架整体稳定性；安、拆时设置水平防坠网及施工安全通道。 3. 支架施工前，对所有参与的施工人员进行体检，禁忌不符合要求人员现场施工作业。 4. 严禁交叉作业、随意抛物品
		支架施工落物安全风险	1. 做好临边安全防护，对施工人员进行安全教育及安全交底工作。 2. 现梁体所用钢筋、模板等材料必须堆放平稳，严禁置放在翼缘板边缘及施工通道附近；拆卸下的物料、剩余材料和废料等都要加以清理且及时运走，不得任意乱置或向下丢弃；传递物件时严禁抛掷；施工作业场内，凡有坠落可能的任何物料，都要一律先行撤除或加以固定，以防跌落伤人。 3. 禁止交叉作业，临边及洞口防护严密牢固。 4. 携带工具包，施工工具随手入袋。 5. 安全员经常检查发现隐患及时整改到位

预控项目		主要施工风险	预控要点
7.5 现浇混凝土梁	7.5.1 支架法现浇梁	梁片预应力张拉、压浆安全风险	1. 所有张拉压浆作业均采用智能张拉压浆机械，张拉操作人员应经过安全技术交底和培训，合格后方可上岗作业。 2. 千斤顶、油表在张拉前，必须按规定配套检查、检测及标定。 3. 张拉作业区，应设警告标识；无关人员，严禁入内，在张拉作业区前面 5m 处设置钢挡板，以防夹片、钢绞线、连接器等飞出伤人；张拉过程中出现异常及时停止张拉，查清楚原因采取对应措施后，方可施工。 4. 锚具和夹片及连接器使用前，应检查及抽样检测，经检验合格后方可使用。张拉机具按照规范要求次数及时间进行检修和标定。 5. 预应力张拉时混凝土强度与时间必须达到要求，高压油泵与千斤顶之间的连接点各接口必须完好无损，螺母应拧紧，在张拉作业过程中，应对高压油管进行保护，防止砸破油管，高压油喷出伤人；预应力张拉时两边同步。 6. 管道压浆时，操作人员戴防护眼镜和其他防护用品。关闭阀门时作业人员应站在侧面以确保安全。 7. 辅助张拉的设备（手拉葫芦、支架等）必须检验合格后方可使用。 8. 张拉应采用张拉力和预应力筋伸长值双控，一旦出现异常情况立即停止张拉，待查明原因，采取措施后再张拉
		跨既有线施工安全风险	1. 施工前对跨越既有线的结构物、电缆、电线等进行调查、勘探、测设及量测，制定安全专项施工方案，并组织专家评审。 2. 与跨既有线产权单位签订安全协议，并办理相关手续，施工中与其产权单位、相关部门经常联系，并请相关技术人员到现场指导及现场监管。 3. 施工前对技术及施工管理、操作人员进行安全技术交底，施工过程对各工序进行检查及验收，确保施工专项方案的落实到位。 4. 当梁体的周边有线路无法改迁时，应设置警示牌，安排专人监护，并设置专项防护措施。 5. 对梁下通行净空有要求的，应设置通行标识及硬、软防撞门架
	7.5.2 移动模架法现浇梁施工	移动模架拼装与预压安全风险	1. 所有拼装作业人员必须经过岗前技术培训且相对固定，从事高空作业、机械操作等特殊作业的人员必须持证上岗。 2. 设置专门拼装作业区域（满足拼装作业需求），设置必要的安装隔离装置和警示标识。 3. 拼装作业区域场地应平整夯实，地基比较软时，应对其地基进行处理，使地基承载力满足拼装作业起重吊装设备的要求。

预控项目		主要施工风险	预控要点
7.5 现浇混凝土梁	7.5.2 移动模架法现浇梁施工	移动模架拼装与预压安全风险	4. 编制专项方案，对作业人员进行安全技术交底。对进场的模架组件、液压系统、电气系统检查，禁止不合格、损坏的组件进入组装程序。专业生产厂家技术人员全过程现场指导操作，严禁交叉作业，安排专职人员监护。 5. 移动模架现场拼装完毕后，要对移动模架设备的液压系统进行泄漏测试；对前牛腿的平面尺寸、水平度与墩柱临时固结进行检查；对监控系统运行状态进行检查。 6. 移动模架和操作平台应严格按照施工设计安装，平台四周要有防护栏杆和安全网，平台板铺设不得留空隙。 7. 预压应采用分层加载，禁止一处集中堆载。预压期间应派专人检查前、后牛腿横梁上油缸处钢板的变形情况、检查各螺栓的松紧及变形情况；按规定对主梁、模板及牛腿进行测量，随时掌握其变形情况；根据观察与测量情况，对施工安全进行监控与决策。卸载时也要分级分层卸载，禁止在一处集中卸载。预压结束，应指派专职人员重新对所有吊杆的连接状态予以复查、拧紧。 8. 整个施工过程中服从专人统一指挥。 9. 临时用电符合国家规范要求。 10. 移动模板组件需离地 20cm 放置于干燥的房间内，并派专人看管，如遇泡水现象，应进行检测，合格后方可使用，不合格不得使用。 11. 拼装完成吊装前，应对连接高强螺栓采用扭力扳手进行全批次检查，合格后方可吊装。 12. 移动模架内部电缆、电线必须固定并包裹一层绝缘材料，灯具必须加设防护罩。 13. 吊装作业前，应做好准备工作，配重必须放置于预定位置并进行预紧工作，场地必须平整坚固，承载力符合要求。 14. 吊装作业过程中，必须安排专业吊装人员及指挥人员，先进行试吊。 15. 移动模架须出厂前试拼，严禁采用电焊连接替代螺栓连接及烧、扩孔拼装
		移动模架坍塌与倾覆安全风险	1. 制定移动模架施工安全专项方案，现场作业人员进行安全教育培训，安全技术交底，风险告知，模架安装过程中，严格按照吊装施工规范进行作业，要经常调整水平、垂直偏差，防止整体失衡，起重司索工持证上岗。 2. 操作平台上，不得多人聚集一处，材料机具不得集中堆放。对拉螺杆进行送检。 3. 移动模架预压、卸载时，禁止一处集中堆载或偏载。预压控制重量不得超过设计及规范要求。

预控项目		主要施工风险	预控要点
7.5 现浇混凝土梁	7.5.2 移动模架法现浇梁施工	移动模架坍塌与倾覆安全风险	4.混凝土浇筑前,对移动模架作全面检查,确保主千斤顶已锁死,内模按设计要求进行支撑,查看外模支撑是否牢固,牛腿与墩身连接是否牢固,导梁是否处于设计状态。混凝土浇筑过程中应安排人员检查,发现各部位变形过大时应分析原因,满足要求后方可继续浇筑混凝土。 5.移动模架过孔前检查两侧牛腿是否水平,精轧螺纹钢连接是否可靠;纵移前横向开模偏差是否在允许范围内;纵移过程中左右两幅主梁纵移过程中位置偏差是否符合要求;移动模架过孔全过程安排专人检查,如发现违规操作停止作业,纠正后进行操作。 6.当风力大于6级时,将移动模架整个系统处于锁定状态,严禁进行任何作业。 7.移动模架过孔中安排专人在监控室查看报警状态。 8.过孔时前后均应填写检查证,签字负责
		移动模架作业高处坠落安全风险	1.现场作业人员进行安全教育培训,安全技术交底,风险告知。 2.现场作业人员安全帽、防滑鞋、安全带等安全防护用品穿戴齐全,安全带高挂低用,禁止违章作业。 3.上下爬梯应按照设计图纸焊结牢固,经常出入人员、机械、车辆的通道上应搭设防护顶棚;作业平台的走道板、安全网、护栏安全状态良好。安装防护栏杆,支架外侧布设密目安全网,高空作业平台应牢固可靠。 4.脚手板铺满施工平台,并与支架可靠连接;严禁在操作平台上打闹,搭设和拆除过程中须好安全带;探头板绑扎牢固,施工人员走动时注意脚手板是否安全;严禁向下乱抛掷钢筋、螺丝、工具等,下班时应清扫和整理好料具。 5.经常组织人员对操作平台进行检查,发现问题及时解决,确保操作平台安全可靠。做好操作平台临边防护栏杆及安全网的维护工作。必要时操作人员设置辅助安全绳,并设置辅助操作平台。 6.严禁交叉作业。 7.上桥车辆应减速慢行,桥上设置限速标识,严禁摩托车上桥。 8.移动模架下方设置警戒带,并安排专人巡查,防止行人进入施工场地下方。 9.施工材料不允许放在模架两侧翼缘板通道上,应保持通道畅通
		移动模架作业物体打击安全风险	1.施工前应合理选择吊具,起吊前应仔细检查吊具的完好程度,发现破损时应及时更换,严禁起吊超出起重设备起吊能力的构件,现场起重工应全程统一指挥起吊作业。

预控项目		主要施工风险	预控要点
7.5 现浇混凝土梁	7.5.2 移动模架法现浇梁施工	移动模架作业物体打击安全风险	2. 喷砂作业时喷砂作业人员应穿戴防护服并在喷砂区应进行必要的遮盖，防止伤到过往行人或作业人员。 3. 非工作人员严禁靠近作业区间。安拆、模板时应避免起吊其他设备时坠落伤人。 4. 应根据拆除方案确定整体拆除还是分段拆除，确定起吊设备、通长模板、配重块和横梁等构件采用汽车吊在梁板上分部拆除，拆除过程中应注意拆除顺序合理选择吊点，不得强硬拖拽，以免带动其他构件而打伤人员。 5. 所选用的吊具应根据计算合理选择，尤其避免吊具过小而使起吊物坠落。 6. 进行高处作业时，除有关人员，不准其他人在工作地点的下面通行或逗留。工作地点下面应有围栏或保护，防止落物伤人。 7. 预压砂袋在吊装过程中，移动模架周围要设置警戒线，提示标牌，防止人员随意进入移动模架预压范围内，出现高空坠物造成人员伤亡。 8. 施工过程中在移动模架上方，操作人员不准将工具及材料随意掷置，要用安全绳子系牢后上下吊送，操作人员携带工具袋，将施工工具随手入袋。 9. 严禁交叉作业
		移动模架起重吊装安全风险	1. 制定专项吊装施工方案，专家论证，进行安全技术交底。地基承载力要求满足起重设备吊装需求，起重构件前应对吊重和吊幅进行计算合理选择吊具。起重作业前应检查吊具是否完好，对于磨损严重的吊具应及时更换。起重设备应定期进行检测和维修保养，避免起吊过程中出现故障。 2. 起重司索工必须经安全教育培训，熟练掌握安全操作技能，考试合格后持证上岗，严格遵守安全操作规程，拒绝违章作业。 3. 起重吊装区域，周围设立安全警示标识，统一指挥，非作业人员，禁止进入，施工人员穿戴好安全帽、安全绳，严格遵守起重吊装安全操作规程，拒绝违章作业。 4. 大雨、大雪、大雾、雷电及风力6级以上等恶劣天气必须停止吊装作业。 5. 严格遵守起重吊装安全操作规程，拒绝违章操作，严格执行"十不吊"规定，从事起重司索工必须熟练掌握操作技能。 6. 吊装前对钢体的整体焊接质量（特别是吊钩的材质及焊接质量）的检查，整幅钢体在吊装前必须进行试吊，检查是否符合安全技术要求，确认安全后方可正式进行吊装作业。 7. 在钢体起吊前必须重新检查吊点的质量。 8. 起吊司机连续作业期间严禁擅自离岗，严禁在工作期间使用手机，为工作人员配备相应的沟通设备，并进行统一指挥

预控项目		主要施工风险	预控要点
7.5 现浇混凝土梁	7.5.2 移动模架法现浇梁施工	梁片预应力张拉、压浆安全风险	1. 所有张拉压浆作业均采用智能张拉压浆机械，所有张拉操作人员应经过安全技术交底，培训合格后，持证上岗。 2. 千斤顶、油表在张拉前，必须按规定配套检测及标定。 3. 张拉作业区，应设警告标识；无关人员，严禁入内，在张拉作业区前面 5m 处设置钢挡板，已防夹片、钢绞线等飞出伤人；张拉过程中出现异常及时停止张拉，查清楚原因采取对应措施后方可施工。 4. 锚具和夹片及连接器使用前，应认真仔细检查及抽样试验送检，经检验合格后方可使用。张拉机具按照规范次数、时间进行检测和标定。 5. 预应力张拉时混凝土强度必须达到要求，高压油泵与千斤顶之间的连接点各接口必须完好无损，螺母应拧紧，在张拉作业过程中，应对高压油管进行保护，防止砸破油管，高压油喷出伤人；预应力张拉时两边同步。 6. 管道压浆时，操作人员穿戴防护眼镜和其他防护用品。关闭阀门时作业人员应站在侧面以确保安全。 7. 做好施工人员的操作平台
		模架移位、过孔安全风险	1. 倾覆： 安装前墩牛腿时应确保左右牛腿标高相差值在规定范围内，各小车的液压系统没有故障。为避免移动模架在纵移时倒退，应在纵移千斤顶每一行程完毕时且在回油前将安全反钩与纵移孔板连接。移动模架过跨行走应避免在超过 6 级风的情况下进行，防止模架在行走过程中失稳而发生倾覆现象。施工过程中应经常检查鼻梁构件的焊缝及杆件变形等情况，确保能够正常使用。经常检查小车上的滑板是否平整以及高差是否符合要求，防止主梁不均匀受力而变形。应将牛腿与墩身或承台连接，或在牛腿下方放置配重，防止出现偏压而造成倾覆。移动模架前鼻梁在上牛腿及后鼻梁下牛腿时，应缓慢移动并安排专人检查牛腿倾覆情况。纵移前检查主梁上是否有可能造成倾覆的重物并清理。 2. 坍塌： 由于一般桥梁都存在纵坡，有些桥梁纵坡达 4%，故移动模架行走时最容易发生模架倒退现象，故应在纵移千斤顶回油过程中挂好安全反钩。牛腿顶梁上表面可能会有混凝土、木方及其他杂物，因其加大了模架横移的摩擦力而可能破坏液压系统，故模架在横移或纵移前应将牛腿上的杂物清理干净。纵移时应及时更换聚四氟乙烯滑板，避免摩擦力过大而使墩柱摇晃严重。行走时也容易发生鼻梁变形等问题。过孔前应检查牛腿与墩身连接情况，并检查牛腿上应力器是否合格，同监控系统连接是否正常。

预控项目		主要施工风险	预控要点
7.5 现浇混凝土梁	7.5.2 移动模架法现浇梁施工	模架移位、过孔安全风险	3. 触电： 移动模架行走过程中，随着行程越来越远，应派人专门检查电缆线的移动情况，避免因电缆线不够长而拉断电缆，造成触电事故。 4. 移动过孔区域设立警戒标识，严禁交叉作业。 5. 掌握天气情况避免过孔时出现大风或暴雨不利天气。 6. 过孔时，模架主要构件无异常，前支腿从动轮与导梁轨道间无卡滞，脱轨现象。 7. 导梁轨道前端设止轮器安全限位装置，防止模架纵移越位
		跨既有线施工安全风险	1. 编制跨线专项安全施工方案，并组织专家进行评审，与产权单位签订安全协议，办理相关手续，严格按照施工方案进行施工，与其产权单位相关部门技术人员联系，请其现场指导施工及监管，施工单位安排专职人员进行安全监护，确保安全生产。 2. 设置防护棚、网、板等相应安全装置，防止坠物伤人。 3. 设置相应限高警示牌
	7.5.3 悬臂浇筑法现浇梁施工	挂篮设备拼装与预压安全风险	1. 编制专项施工方案并进行专家论证。 2. 挂篮拼装队伍应具有专业资质。 3. 现场作业人员安全帽、防滑鞋、安全带等安全防护用品穿戴齐全，安全带高挂低用，禁止违章作业。 4. 挂篮拼装严格按照设计图纸要求进行，零件不得遗漏，如有变形，校正后方可使用。 5. 拼装完毕后必须检查所有的螺栓是否拧紧，开口销是否遗漏。 6. 槽钢、工字钢栓接处必须加专用垫圈。不得用小号螺栓代替大号螺栓拼装。 7. 严禁对精轧螺纹钢吊杆进行点焊切割、搭火，所有精轧螺纹钢吊杆须加双螺帽并用麻袋包裹。 8. 挂篮的焊接质量采取探伤检测，采用高强度插销，并在插销端部加焊防脱钢筋，后锚杆预埋件准确且垂直，钢轨加密固定。 9. 挂篮拼装时，其上下横梁及翼缘板下的两侧滑梁等，采用临时操作平台进行固定操作，操作人员佩戴辅助安全绳。挂篮上下设置安全通道，临空面必须设置安全操作平台与上下通道及梁体内连为一体，且安全可靠。 10. 加载必须分级进行和分级观测，加载过程要专人值班，确保挂篮加载的安全性；预压加载时和加载过程要对所有受力部位进行检查，发现问题，立即停止加载。 11. 临时用电必须符合国家相关规定。 12. 严禁交叉作业，设置安全警戒区及专职监管人员，进行统一指挥。

预控项目		主要施工风险	预控要点
7.5 现浇混凝土梁	7.5.3 悬臂浇筑法现浇梁施工	挂篮设备拼装与预压安全风险	13. 挂篮制造完成后应进行试拼装，严禁用电焊连接替换螺栓连接及烧扩孔拼接。 14. 严禁使用精轧螺纹钢作为悬臂吊带，应使用钢板吊带。 15. 挂篮吊带插销使用前经探伤检查
		悬臂浇筑施工现浇梁与挂篮设备垮塌安全风险	1. 挂篮移动完成后必须严格检查各部位锚固连接情况，是否顶到位，锚固是否松动轨枕加密固定，后锚杆定位准确并垂直，进行检查验收。 2. 制定混凝土浇筑施工方案，进行施工技术交底，两端对称浇筑，混凝土浇筑工程中，在底模板上远离墩柱端、顶板四角分别设置 4 个观测点，在浇筑过程中随时观测挂篮变形量。如果发现变形量超过理论变形量，应及时疏散施工作业人员。 3. 严禁交叉作业，安排专职监管人员现场监护，并统一指挥。 4. 所有后锚杆要求全部配置锚垫板并套双螺母保险
		悬臂浇筑高处坠落安全风险	1. 挂篮行走过程中，必须定人定岗，行走中必须保证两个挂篮的移动速度相等对称。 2. 挂篮移动过程中，必须用 10t 的手拉葫芦拉紧挂篮后锚端，根据行走的速度慢慢地放松手拉葫芦。防止挂篮行走过程中发生倾覆危险。挂篮行走到位后，后锚锚固检查完毕没问题后才能取下后锚端的葫芦。 3. 挂篮施工移动到位锚固后检查挂篮各部件连接情况，特别是吊挂系统、精轧螺纹钢筋连接状况，在检查中如发现精轧钢筋变形的，连接状况存在问题的，必须坚决予以更换。 4. 操作人员必须正确佩戴劳动保护用品。严禁操作人员带病作业。 5. 严禁交叉作业，做好临边全防护，安全网满布，若其下有过往车辆、人员应搭设过往防护通道棚，高处作业工作过程中的一般常用工具必须放在工具袋内，不得随手乱放，以免掉下伤人。 6. 挂篮行走应以千斤顶或者导链做动力，严禁使用卷扬机钢绳牵引。 7. 行走到位后，其前支点钢枕支垫密实平整
		悬臂浇筑落物安全风险	1. 做好临边全防护，安全网满布，若其下有过往车辆、人员应搭设防护通道棚。高处作业工作过程中的一般常用工具必须放在工具袋内，不得随手乱放，以免掉下伤人。 2. 施工过程中不得从高处往下抛掷建筑材料、杂物、建筑垃圾或抛递工具。 3. 施工脚手板必须满铺或按规范要求搭设，物料不得堆放在临边及洞口附近

预控项目		主要施工风险	预控要点
7.5 现浇混凝土梁	7.5.3 悬臂浇筑法现浇梁施工	悬臂浇筑施工起重吊装安全风险	1. 起重吊装作业时，起重司索工持证上岗，定期组织对起重机械设备进行维修保养。 2. 起重吊装区域，周围设立安全警示标识，统一指挥，非作业人员，禁止进入，施工人员穿戴安全帽、安全带、安全绳，特殊部位（安、拆底模和侧模），设置附加措施，严格遵守起重吊装安全操作规程，拒绝违章作业。 3. 装拆过程中设置辅助措施。严禁交叉作业，安排专职人员进行监护，并统一指挥
		梁片预应力张拉、压浆风险	1. 做好操作平台，临边防护，穿戴劳动保护用品，进行安全技术交底，张拉时必须服从统一指挥，严格按照安全技术交底要求读表。油压不得超过安全技术交底规定值。发现油压异常等情况，必须立即停机。 2. 作业前应检查高压油泵与千斤顶之间的连接件，连接件必须完好、紧固，确认安全后方可作业。 3. 作业前必须在张拉端设置木板或竹胶板进行防护。 4. 压浆作业时，喷嘴插入孔道口，喷嘴后面的胶皮垫圈必须紧压在孔口上，胶皮管与灰浆泵须连接牢固，堵压浆孔时不应站在孔的正对面
7.6 钢梁、钢－混结合梁	/	钢架、钢－混结合梁跨既有线施工安全风险	1. 编制跨线专项安全施工方案，并组织专家进行评审，与产权单位签订安全协议，办理施工相关手续，严格按照施工方案进行施工，与其产权单位相关部门技术人员联系，请其现场指导施工及监管，确保安全生产。 2. 现场作业人员进行安全教育培训，安全技术交底，风险告知。 3. 划定吊装作业区域，设立安全警戒标识，严禁非施工人员进入；现场作业人员安全帽、防滑鞋等安全防护用品穿戴齐全，安全带高挂低用；统一指挥，禁止违章作业，严格按照施工方案进行施工，各工序严格组织验收，安排专职人员监护。 4. 设置安全防护栅、网、板等防止坠物伤人。 5. 设立限高警示牌，必要时设立限高架
	/	钢架、钢－混结合梁起重吊装安全风险	1. 吊装前确认地基处理及周边环境。 2. 制定专项施工方案需要专家认证，进行施工技术交底，起重司索工持证上岗，严禁起重司索一人兼任，遵守起重吊装安全操作规程，统一指挥，拒绝违章作业。 3. 划定吊装作业区域，设立安全警戒，严禁交叉作业、非施工人员进入，施工人员穿戴好安全带、安全帽、安全绳，吊装钢梁、钢－混结合梁之前，先进行试吊作业，确保起重机安全状况良好后，方可进行起重吊装作业，安排专职人员进行监护。

预控项目		主要施工风险	预控要点
7.6 钢梁、钢－混结合梁	/	钢架、钢－混结合梁起重吊装安全风险	4. 所有钢丝绳、吊索及挂索等在使用前和吊装作业前必须经过合格起重工检查。如发现磨损、刮伤、扭结、绕夹或其他可能降低受力性能的现象，应停止使用，立即更换，钢丝绳索等在使用过程中避免与尖锐边缘接触，使用结束后应妥善保存
	/	钢架、钢－混结合梁施工高处坠落安全风险	1. 柱、梁和行车梁等构件吊装所需的直爬梯在结构构造上，必须牢固可靠。 2. 梯脚底部应垫实，不得垫高使用，梯子上端应有固定措施，钢柱安装登高时，应使用钢挂梯或设置脚手架。 3. 操作平台防护栏杆防护齐全（按照临边施工标准设置），并在周围张贴安全警示标识。 4. 做好悬空作业的安全辅助措施
	/	钢架、钢－混结合梁施工梁体坍塌安全风险	1. 编制专项施工方案，组织专家评审，施工前召开安全技术交底会，对重点工序人员进行专门培训。 2. 严格按已评审施工方案执行，并组织各个工序验收；支架焊缝进行探伤检测。 3. 施工中应随时监测主梁和施工支架的变形稳定，确认符合设计及施工方案要求（当发现异常立即停止施工，并启动应急预案）。 4. 设有支架时，首先必须混凝土强度达到设计及规范要求，再进行预应力张拉、压浆，压浆料强度达到设计规定后，方可卸落施工支架。 5. 支架拆除时按照施工方案有步骤地进行拆除，不得随意乱拆
	/	钢架、钢－混结合梁施工用电安全风险	1. 严格遵守临时用电安全技术规范、临时用电专项施工方案，门、锁完整，有防雨、防尘措施，箱内无杂物，箱前通道畅通。 2. 电缆线路进行架空处理，严禁绑扎在脚手架上，电器设备进行定期检查，发现破损，不合格的电器设备，立即整改。 3. 有限空间作业，加强绝缘体保护措施，通风、降温设施，漏电保护器动作电流不超过 30mA，动作时间不超过 0.1s，并实地检测
	/	钢架、钢－混结合梁施工运输车辆安全风险	1. 钢体箱梁运输确认且线路周边环境及运输时间与交通部门进行提前沟通。 2. 施工便道质量、道路坡度、半径、宽度及停放施工场地满足运梁车的安全指标要求，梁体运输车辆司机持证上岗，严格遵守交通规则，拒绝违章操作。 3. 夜间施工时，保证照明充足，夜间施工人员穿戴反光衣。 4. 在运输中，注意运输车辆超限，配备确保运输安全的随车人员，进入现场进行统一指挥

预控项目		主要施工风险	预控要点
7.7 预制混凝土梁	7.7.1 梁片预制	梁片预制钢筋与模板作业安全风险	1. 对现场的施工机具实行进场验收合格后方可投入使用。 2. 严禁使用无安全防护装置设备（如圆盘锯等），小型机具严禁使用倒顺开关。 3. 钢筋加工厂内使用的切断机、套丝机、调直机、小型切割机、圆盘锯等钢筋、模板加工设备必须符合现场"一机一闸一漏"的配电要求，且必须按要求进行接地。 4. 模板、钢筋作业区分开设置，钢筋绑扎、模板安装不得交叉作业，做好两者相互协调工作，非施工人员严禁入内，施工人员正确穿戴劳动保护用品。 5. 严禁在模板上堆载超过最大允许荷载，防止发生模板支架系统坍塌事故，模板安拆要有自锁装置（液压）。 6. 模板安拆、钢筋加工、绑扎完成，废料要集中堆放，做到"工完、料净、场清"。 7. 夜间施工作业时，配备充足的照明
		梁片预制混凝土浇筑安全风险	1. 梁体平台应设可靠的栏杆和上下扶梯。 2. 吊斗升降应有专人指挥，落斗下部不得有人员停留，不得身倚栏杆推动吊斗，严禁吊斗碰撞模板和支架。 3. 使用振捣器时，应由2人操作，1人控制振捣棒，1人配合控制电动机开关。 4. 发现振捣器有异常现象，应立即停止工作，检查修理。 5. 操作振捣器人员，必须穿胶靴、戴绝缘手套，湿手严禁接触电气开关，电源线不得有破皮。 6. 混凝土浇筑现场必须设专人观察模板承压变化情况，当发现异常时，必须立即停止作业，并撤出作业人员，制定安全措施后，方可重新作业。 7. 夜间施工照明满足要求
		梁片预制输送管路爆管安全风险	1. 加强安全教育培训和安全技术交底，进行风险告知。 2. 设备进场前进行组织验收。 3. 浇筑混凝土前，对输送管路进行检查，检查接头连接附着物加固，保证导管的安全状况良好，淘汰质量不合格的输送管路。 4. 在浇筑混凝土前必须对管道进行润管，浇筑混凝土后及时将管道清理干净，由专人验收检查。 5. 浇筑前对混凝土的质量进行检查，质量不达标的混凝土禁止进行浇筑
		梁片预制起重吊装安全风险	1. 编制施工专项方案，需专家论证。 2. 起重司机、司索工须持有效合格证件上岗。 3. 严格按照方案进行吊装作业。起重吊装施工作业前，对起重吊装作业人员进行安全技术交底，安全风险告知。

预控项目		主要施工风险	预控要点
7.7 预制混凝土梁	7.7.1 梁片预制	梁片预制起重吊装安全风险	4. 起重吊装前应检查机械、索具、夹具、吊绳、吊环等是否符合要求并进行试吊，符合要求后方可正式起吊。 5. 施工起重吊装区域，设警戒标识，吊装区域内严禁站人，起重吊装作业过程中必须统一指挥，安全员进行现场旁站监督。 6. 混凝土强度达到设计和规范要求后，方可吊装作业。 7. 预制梁起吊时，梁已完成张拉压浆后达到规定强度。 8. 梁场龙门吊走道须满足要求，行走时电缆应有专人照看
		梁片预制张拉、压浆安全风险	1. 严格执行安全操作规程，施工前对施工人员进行安全技术交底及安全教育，并经过专业培训，考核合格方可上岗。 2. 施工前对锚具、夹具、连接器、钢绞线进行送检，并设专人妥善保管，避免锈蚀、玷污、遭受机械损伤或散失。混凝土强度满足设计、规范要求后，方可张拉作业，施工时在终张拉完成后对锚具进行防锈处理。 3. 施工前张拉机具进行配套标定，仔细检查张拉作业平台的安全性，搭设适当高度的安全防护挡板，防止张拉中的意外事故及人身安全；张拉机具按规范规定次数及时间进行重新标定，张拉机具经维修或长途运输后也要重新进行标定。 4. 施工操作人员必须配备安全防护用品，进入施工现场。 5. 从施加预应力至锚固后封端期间，除非采取有效屏蔽措施，否则操作人员不得在锚具正前方活动。 6. 张拉过程中，测量伸长值或拆卸工具锚时，操作人员应站在千斤顶侧面，应禁止非预应力施工人员进入张拉区域。 7. 从开始张拉至孔道压浆完毕的过程中，不得敲击锚具、钢绞线和碰撞张拉设备。张拉过程中发现张拉设备运转声音异常，应立即停机检查维修。 8. 油压泵上的安全阀、油压表应完好。 9. 张拉设备使用前，应对高压油泵、千斤顶进行空载试运行，无异常情况方可正式使用，高压油管使用前应做耐压试验，不合格的不能使用。 10. 电器设备由专人管理，电闸箱应符合技术要求，严格遵守施工现场的用电制度。 11. 切割钢绞线时应注意防止砂轮片破碎伤人。操作人员需戴防护眼镜。 12. 预应力灌（压）浆时，应严格按规定压力进行，输浆管道应畅通，阀门接头要严密牢固。 13. 压浆人员必须站在锚具两侧操作，严禁正对锚具，也不得踩踏高压注浆管。

预控项目		主要施工风险	预控要点
7.7 预制混凝土梁	7.7.1 梁片预制	梁片预制张拉、压浆安全风险	14. 梁体上下设置专用爬梯。 15. 张拉时确保"三同心两同步"，并采取双控措施，以张拉吨位控制为主、伸长量校核为辅。"三同心"即锚垫板与管道同心，锚具和锚垫板同心，千斤顶和锚具同心。"两同步"即箱体两侧两端均匀对称同时张拉。 16. 张拉过程中千斤顶的升、降压速度应缓慢、均匀，切忌突然加压或卸载。 17. 梁场应设置专业张拉棚防护，防止预应力脱出伤人
		梁片预制脱模、堆放安全风险	1. 堆放模板场地要求：根据施工现场总平面图，确定模板堆放区、配件堆放区及模板周转用地等。 2. 堆放场地应平整坚实、排水流畅，堆放区四周应挖排水沟。 3. 模板卸车后重叠码放高度不超过10块，相邻码放区之间要留出通道，便于模板配件的安装，底层模板离地10cm。 4. 模板堆放采取两块板面相对方式，也可采取临时拉结措施，以防模板倾倒，模板应用方木垫高，后支腿地角绳栓按要求调整平整且稳固。 5. 大模板合模或拆除时，指挥拆除和挂钩人员必须站在安全可靠的地方，方可操作。 6. 脱模起吊前，应复查穿梁螺栓是否拆净，检查模板上构配件是否连接牢固、有无混凝土块等块状散料，在确定无遗漏且模板与墙体完全脱离后方可起吊。 7. 清扫模板和刷隔离剂时，必须将模板支撑牢固，两板中间不少于600mm的走道。 8. 人员不允许在大模板推放区停留休息。 9. 严禁攀爬模板，梁体上下设置专用爬梯。 10. 脱模拆除时，当混凝土强度达到设计及规范要求时方可以拆模，拆下的模板要及时清理和涂刷脱模剂，小钢模退场时严禁乱抛，装车时两人接应，不可超高超载码放，车厢上严禁坐人。 11. 梁片堆放安全措施： （1）应对梁片预制及堆放进行统一规划，并对存梁底座地基进行应力预算，并设置隔离区，严禁非施工人员入内，安排专人防守。 （2）梁片堆放一般不宜超过两层，禁止在梁片上堆放重物及其他杂物，防止在外力作用下物体打击，禁止施工人员随意进入存梁区并任意上下攀爬。梁体上下设置专用爬梯。 （3）严格按照设计、规范及施工方案要求进行梁片堆放，防止梁片自身稳定及其结构质量的安全。 12. 对T梁存放需架设垫块和斜撑防止倾覆

预控项目		主要施工风险	预控要点
7.7 预制混凝土梁	7.7.2 梁片运输	梁片起重吊装安全风险	1.编制专项施工方案,并进行专家论证,严格按照方案进行吊装作业。 2.起重司机、司索工必须持证件上岗。 3.起重吊装施工作业前,对起重吊装作业人员进行施工安全技术交底,风险源告知。 4.起重吊装前应检查机械、索具、夹具、吊环等是否符合要求并进行试吊,符合要求后方可正式起吊。 5.施工起重吊装区域,设警戒标识,起重吊装作业过程明确职责,各行其职统一指挥,安全员进行现场监督。 6.吊装预制梁体时应采用专用吊具
		运梁车辆行走安全风险	1.梁体运输前确认线路状况、周边环境及运输时间,与交通部门进行提前沟通。 2.施工便道质量、道路坡度、半径、宽度满足运梁车的安全指标要求,梁体运输车辆司机持证上岗,严格遵守交通规则,拒绝违章操作。 3.每次运梁前,应仔细对运梁车的性能情况、轮胎的完好情况、轮胎的气压进行检查,符合要求后方可使用,要确认运梁车承重能力及承载安全系数满足要求且运行状况良好。在运输过程中,注意运输车辆超限,配备运输安全的随车人员监护,进入施工便道专人协调,统一指挥。 4.运梁车通过梁面负弯矩张拉槽和桥跨间湿接头缺口时,应根据具体情况设置结构稳固、强度可靠的跨越结构,以保证运载大梁的运梁车能安全、平稳地通过桥跨间湿接头缺口。 5.梁放置于运梁车上后,应采取可靠稳固的、强有力的顶、拉方法,确保稳固后方可松开钢丝绳。6级以上大风及下雨等恶劣天气禁止进行运梁、架梁作业。 6.使用架桥机架桥时要检查各部件是否安全就位;后支腿锚固是否牢固稳定;前支腿是否符合要求;主梁的前后高差、左右水平情况。后支腿台车的水平状态是否符合要求、垫块是否稳定均匀受力。 7.梁吊装运输过程中均需专人指挥,桥机操作手要与运梁车操作手指挥人员统一信号紧密配合。 8.喂梁时要有专人看护吊梁车和运梁炮车,一旦出现问题,应立即停车,采取措施。 9.长度大于40m的箱梁和长度大于30m的T梁运输与安装方案需经专家认证
		架桥机安装与调试安全风险	1.特种设备进场验收、报备、验收合格后使用,安装人员具备相关资质,持证上岗。 2.架桥机安装前对安装作业人员进行安全技术交底,风险源告知。

预控项目	主要施工风险	预控要点
7.7 预制混凝土梁	7.7.2 梁片运输 架桥机安装与调试安全风险	3.临时用电安全必须满足电器设备、转动设备设置的需求。 4.登高作业人员必须持有效证件上岗。 5.登高作业人员必须戴好安全帽，系挂安全带，穿好防滑鞋及紧身工作服。 6.高处作业搭设安全可靠的安全操作平台，安装上下爬梯。 7.6级以上大风、暴雨、雷电、下雪、大雾等恶劣天气应停止高处作业。 8.机械危险运动部位的周围应设置防护栅栏或警示标识。 9.机器设备要定期检查、检修、保证其完好。 10.设置安全警戒标识，禁止交叉作业。安装机械的小型工具放在背包内，严禁放置在架桥机身上，防止高处坠物的风险。 11.使用钢轨走道的，钢轨两端须设置限位装置
	架桥机就位安全风险	1.高处作业搭设安全可靠的安全操作平台，安装上下爬梯；设置安全警戒标识，禁止交叉作业。 2.架桥机就位前，应做好如下准备工作：检查卷扬机制动系统，以防止失灵；检查整个起吊系统是否配套，注意钢丝绳通过滑车是否跳槽，免使部件轧伤或绞断钢丝绳；检查钢丝是否破损，在缆筒上是否排列整齐，固定绳头是否松脱；构件就位时，钢丝绳在卷筒圈数是否保持在10圈以上；检查电器系统是否受潮；检查吊带与构建接触处的垫隔等。 3.当构件吊离纵移平车5~10cm时，暂定提升，移走纵向平车，对各重点部位进行观察，确无疑问，才能继续起吊。 4.若构件重心在架桥机后跨时，禁止大距离测向移动，尽量做到在天平梁跨中起吊，后跨横移范围不得超过架桥机轴线左右1.0m。 5.构件进入前跨后，应先降低其悬空高度，使之在最低的位置进行横移，禁止横移与纵移动作同时进行，应分别操作。 6.起吊运行过程的保持动作的连续性，减少停顿和启动次数。 7.就位后对架桥机进行全面检查验收。 8.架桥机就位后，前后支点支腿不得直接放置在未硬化处理的台背回填土上，防止沉陷
	7.7.3 梁片架设 喂梁与落梁安全风险	1.高处作业搭设安全可靠的安全操作平台，安装上下爬梯；设置安全警戒标识，禁止交叉作业。 2.在横移前，必须把两根大梁横向连接，钢筋焊牢固好。 3.清除墩上障碍物，铺好滑道，做好大梁横移就位各种准备工作。 4.大梁横梁操作人员，必须统一指挥，采用手拉葫芦、千斤顶、预拉力拉伸机等，使两端同步进行。

续表

预控项目		主要施工风险	预控要点
7.7 预制混凝土梁	7.7.3 梁片架设	喂梁与落梁安全风险	5.横移到位，稳妥后卸除滑块，将大梁安装在支座上。 6.落梁时，两端要有专人察看指挥，以控制落梁位置，用千斤顶落梁时，必须要一端先固定好，另一端才能操作。 7.大梁就位横移，应禁止单梁横移必须双梁横移。夜间应禁止作业。 8.操作人员配备正确的劳动保护用品，大风、雨天禁止作业。 9.大风、雨、雪、雾等恶劣天气严禁施工。 10.架梁施工所用的起重吊、索具，必须符合施工组织设计要求（吊、索具的规格、材质、长度）。采用外加工的吊、索具，必须具备有效合格证；严禁未经任何检验、无合格证的起重吊、索具投入使用。起重吊、索具在使用过程中，必须在每次架梁前进行安全检查，严格掌握起重索具的报废或降级的使用标准；对于不合格的吊、索具，禁止投入架梁作业。 11.第一片预制梁体就位后，必须有临时支架固定，防止倾覆。每片预制箱梁就位后，必须在牢靠固定的前提下方可松钩；从事焊接固定的作业人员，必须系好安全带、挂好保险钩；梁就位后的固定方法，必须严格按设计或施工组织设计的要求进行固定；稳固措施不到位，严禁松钩。 12.架桥机整机横移时，横移轨道应支垫平整密实，两端设置止轮器安全装置
		架桥机过孔安全风险	1.高处作业搭设安全可靠的安全操作平台，安装上下爬梯；设置安全警戒标识，禁止交叉作业。 2.架桥机过孔作业人员进行教育培训和技术交底后，风险源告知，设置安全警戒标识，禁止交叉作业。 3.严格遵循过孔方案、步骤施工，严格按照架桥机操作规程执行操作，严禁盲目作业。 4.起重操作、起重指挥、电焊、切割等特殊工种均应持证上岗，并遵守安全操作规程。 5.过孔过程中尽量避免上、下层同时作业。如无法避免时，上下层之间必须设专用防护棚或其他隔离措施，上层不准堆放工具和物件。 6.装吊工应和司机就吊装情况进行预先沟通，调试对讲机频道，保证指挥过程中信息通畅。 7.吊装作业前，仔细检查钢丝绳、卡环、吊装位置，如有必要及时更换或加固。 8.严禁在走行未停稳情况下起落钩。 9.临时通道搭设应符合规范。满铺走道脚手板并固定，走道两旁焊接连续的防护栏杆；垂直上下通道使用带有护圈的笼梯，防止人员高空坠落。 10.高空作业现场划出危险禁区，设置明显标识，严禁无关人员进入。

89

预控项目		主要施工风险	预控要点
7.7 预制混凝土梁	7.7.3 梁片架设	架桥机过孔安全风险	11. 高空作业人员，应将小型工具装入工具袋内，不准在主桥上或脚手架上乱放工具。 12. 高空作业禁止向下抛掷物件，不准从下往高空抛物件，应使用绳索、吊篮或吊车等传递物件。 13. 小型机具（如葫芦、千斤顶等）放至适当位置，并用绳索、铁丝捆绑牢。 14. 临时用电执行"一机一闸一箱一漏"，经常检查用电设备和电线（绝缘）运行情况，发现问题立即处理。 15. 大风、雨、雪、雾等恶劣天气严禁进行过孔施工。 16. 架桥机主梁空载纵向前移时，应调整纵坡小于3%，不满足时应调整轨道至此要求。安装桥梁有上下纵坡时，架桥机纵向位移要有防止滑行措施，运梁平车行走轮处要有楔铁作保护。 17. 架桥机过孔施工过程中，要严格遵守架桥机安全操作规程，工序不得简化，所有零散构件都需要捆绑扎牢。 18. 架桥机过孔前必须确认前方墩、盖梁、支座垫石等部位的混凝土达到设计强度。 19. 掌握天气预报，避免在大风暴雨等不利天气下架桥机过孔。 20. 过孔时，架桥机天车及配备应符合设计要求。 21. 对纵向上、下坡度较大时，其前后端均应设置相应的轨道止轮器
7.8 桥梁附属工程施工	/	桥梁附属工程施工高坠安全风险	1. 作业前，对施工人员进行书面安全技术交底，风险源告知。 2. 凡从事高处作业人员应接受高处作业安全知识的教育；特殊高处作业人员，应接受专门的安全培训，持有效证件上岗。 3. 高处作业人员应经过体检，合格后方可上岗。 4. 施工单位应为作业人员提供合格的安全帽、安全带等必备的个人安全防护用具，作业人员应按规定正确穿戴和使用。 5. 按类别，有针对性地将各类安全警示标识悬挂于施工现场各相应部位，夜间应设红灯示警。 6. 高处作业应设置可靠扶梯，作业人员应沿着扶梯上下，不得沿着立杆与栏杆攀登。 7. 下雨、大风（6级以上）天气禁止作业。 8. 高处作业上下应设置联络信号或通信装置，并指定专人负责。 9. 移动作业平台应设置防滑装置（面积不大于$10m^2$，高度不超过5m），移动式操作平台立杆应保持垂直，上部适当向内收紧。立杆底部和平台立面应分别设置扫地杆、剪刀撑或斜撑，平台应用坚实木板满铺，并设置防护栏杆和登高扶梯，并经技术人员验收合格后方可使用。

预控项目	主要施工风险		预控要点
7.8 桥梁附属工程施工	/	桥梁附属工程施工高坠安全风险	10. 高处作业前，技术人员对安全防护设施进行验收，经验收合格后方可作业。需要临时拆除或变动安全设施的，应经项目技术负责人审批，并组织有关部门验收，经验收合格后方可实施。 11. 作业人员穿越中分带时应走专用通道，不得跨越左右幅间空隙。 12. 桥头两端设警示标识和栅栏，非施工人员严禁入内
	/	桥梁附属工程施工落物安全风险	1. 对施工作业人员进行进场安全教育、培训，考核合格后方可上岗。 2. 起重司机、司索工持证上岗，进入施工现场人员，正确佩戴劳动保护用品。 3. 做好四口防护，在施工区域易发生高处坠物的范围内搭设标准、规范的防护棚。 4. 作业人员避免在高空作业面下方停留或通过，禁止在起重机的起重臂或正在吊装的构件下停留或通行。 5. 吊装作业应设置安全警戒区，禁止与吊装作业无关的人员进入。 6. 作业人员使用的工具、零配件等，应放在随身携带的工具袋内，随手入袋，不得向下抛掷。 7. 在高处用气割或电焊切割物件时，应采取措施，防止火花飞落伤人。 8. 构件或设备安装完毕后，必须认真检查连接质量，才能松钩或拆除临时固定构件。 9. 高处作业所用工具、材料严禁投掷，上下立体交叉作业确有需要时，须设隔离设施。 10. 桥下有人、车通行处，其栏杆应设置挡脚板
	/	桥梁附属工程施工起重吊装安全风险	1. 起重司机、司索工持有效合格证件上岗，进入施工现场须正确穿戴劳动保护用品。 2. 起重吊装施工作业前，对起重吊装作业人员进行施工安全技术交底，风险告知。 3. 起重吊装前应检查机械、索具、夹具、吊环等是否符合要求并进行试吊，符合要求后方可正式起吊。 4. 施工起重吊装区域，设警戒标识，吊装区域内严禁站人，起重吊装作业过程中必须由持证人员统一指挥，安全员进行现场旁站监护。 5. 对大构件吊装时，编制专项施工方案，严格按照方案进行吊装作业。 6. 所有吊装作业前必须完成吊装令的签认。 7. 所有吊装作业必须起重司索工和专职安全员同时在场方可吊装施工

第8章 轨道工程施工安全风险预控要点

预控项目		主要施工风险	预控要点
8.1 整体道床	8.1.1 整体道床钢筋工程	整体道床钢筋制作与安装施工触电伤害安全风险	1.每台设备均应配置专用开关箱,做好PE保护接零,并确保漏电动作电流不应大于30mA,漏电动作时间不应大于0.1s。 2.焊接前,应做好接地保护,接地电阻应小于等于4Ω。 3.交流电焊机必须配备二次空载降压保护器或防触电保护器。 4.电焊工应持证上岗,正确穿戴安全防护用品。 5.搬运及安装钢筋时,防止碰触电线,钢筋与高压线路或带电体间安全距离应满足要求。 6.电焊作业时,禁止用钢筋或其他铁件做搭接线、回路线,以防灼伤钢轨或电伤他人。 7.堆放钢筋应整体平稳,下垫木楞,堆放带有弯钩的半成品最上层钢筋的弯钩不应朝上,防止伤人
		整体道床钢筋焊接火灾安全风险	1.隧道内动火作业必须办理动火审批手续,安排专人监护。 2.隧道内动火作业前应对周边环境进行检查,对于易燃、易爆品应清理或隔离。 3.动火点应配置灭火器。 4.焊接作业后,经申请人员和监护人员检查确认火灾隐患消除后,方可离开
		整体道床钢筋起重伤害安全风险	1.整体道床起重设备应验收合格,吊车的吊具、吊钩、卡扣、钢丝绳、垂直限位等安全装置应完好无误。 2.吊装作业区应设置警戒线,无关人员严禁入内,并派专人监护。 3.吊车支腿应全部伸出,并在撑脚板下垫方木,调整机体使回转支承面的倾斜度满足要求。支腿有定位销的必须插上。 4.起重吊装过程应严格遵守"十不吊"规定,并按起重吊装安全操作规程进行吊装作业
	8.1.2 轨排架设	轨排架设起重伤害安全风险	1.走行轨支墩应安装牢固,走行轨两股应保持平顺,支墩纵向间距不大于1.5m,走行轨接头处支墩间距不大于1.2m,以确保铺轨门吊机运行的稳定性,防止掉道。 2.铺轨门吊装运前应对吊具、吊钩、卡扣、钢丝绳、刹车系统进行检查,确保安全后进行吊装。 3.轨道车推运至作业区域时,待停稳并设置好防溜措施后,铺轨门吊方可进行轨道吊装。 4.轨排吊装起吊前,应对轨排的稳定性进行验收,确保满足要求后再起吊。

预控项目		主要施工风险	预控要点
8.1 整体道床	8.1.2 轨排架设	轨排架设起重伤害安全风险	5. 铺轨门吊空载走行时，作业人员严禁搭乘，后工序人员应远离作业区域，严禁站在走行轨和隧道壁之间，或把工具、材料堆放在走行轨面上，并避免铺轨门吊电缆被走行轨、刚支墩、工机具等绕扯。 6. 多台轨排机下轨排时要统一指挥行驶，防止行动不一致导致轨排掉落伤人；现场应设置警戒区，非作业人员严禁入内，起吊作业范围内严禁人员穿行、停留。 7. 轨排架设时，每 2.5～3m 间距安装 1 处轨排支撑架，支撑架与两股钢轨垂直，丝杆与地面必须垂直稳定。 8. 支撑架安装完成后经检查稳定后方可松开铺轨门吊吊装轨钳；在大坡地段向下坡方向铺轨时，应在最前端两轨排间采取前顶后拉的稳固措施，防止轨排下坡方向窜动、倾倒
	8.1.3 整体道床混凝土浇筑	整体道床混凝土浇筑运输车辆伤害安全风险	1. 铺架机进行混凝土运输前，应检查走行轨支墩安装是否牢固，走行轨两股是否平顺，走行轨侵限内是否有障碍物。 2. 铺轨门吊应在轨道车停稳后吊装混凝土料斗，以防撞车。 3. 洞内多台铺架机运输混凝土时，前后应保持不小于 20m 的安全距离，且应听从指挥员指挥，保持行动一致。 4. 混凝土吊运时，施工人员应及时避让，禁止料斗从人头顶上方经过。 5. 混凝土浇筑时，应对称打开料斗开关，防止混凝土料斗倾倒。 6. 铺架机司机应每天检查走行轨及铺架机钢丝绳的状况，发现问题及时改正或报告
		整体道床混凝土浇筑输送管路爆管安全风险	1. 混凝土输送管路连接应紧密、牢固，各种管扣应紧固。 2. 混凝土管路提前润管，防止浇筑时堵塞管道。 3. 输送混凝土时，输送管弯头处严禁站人。 4. 浇筑混凝土发生堵管时，应查明原因，采取相应措施及时处理，不宜强行高压泵送。 5. 浇筑后应及时清理管路，确保管路畅通清洁，以防后期浇筑时堵管
8.2 碎石道床	8.2.1 轨道铺设	轨排铺设施工安全风险	1. 使用吊车等机械起吊轨料时，两端应设人牵拉稳定索以控制平衡，并专人统一指挥；在吊起的物件下面或移运的范围内禁止人员工作。 2. 起吊轨料必须挂稳吊钩、对准中心后再起吊，对准位置再下落，起吊时钢绳应垂直。 3. 轨料在组装基地及运输途中，应经常检查有无窜动、侵入限界，并在适当地点设置临时限界架。 4. 人力装卸搬运钢轨应使用适当的工具，如轨钳、撬棍等，禁止用手直接搬运或将钢轨放在肩上运送。

93

预控项目		主要施工风险	预控要点
8.2 碎石道床	8.2.1 轨道铺设	轨排铺设施工安全风险	5. 翻轨用撬棍抽眼时，要两人叫号一致迅速抽出，防止撬棍飞出伤人。 6. 用吊车配合人力装卸钢筋混凝土枕时，应用撬棍将钢丝绳挂入底层枕底，然后起吊。放落时，应堆码整齐，不得倾斜，以防止倒塌。各层轨枕间应垫木条或钢筋混凝土条。当起吊或放下时，人员应离开，以免已码轨枕坍塌伤人。 7. 小平车运送材料时，必须带口笛、压杠及2个以上止轮器，限速5km/h，车上不准坐人。在任何情况下，运送工人不可手离小平车，任其自由流放，亦不得在车前拖拉前进。数辆小平车同时运行时，车与车距离应不小于制动距离并不得小于20m，小平车停止时应及时将铁鞋放置两头防止溜车。 8. 用撬棍将钢轨拨到轨枕上时，工作人员应听从号子一齐拨动，并随时注意，以防钢轨锤击撬棍伤人。 9. 翻动混凝土枕时，撬棍不可插得过深，两人叫号一起翻动，迅速抽出，防撬棍打人。 10. 上扣件时，禁止将手伸入承轨槽和钢轨底之间。拨动扣件和混凝土枕时，用手推撬棍，防止手拉撬棍碰伤头。 11. 未上轨前，配件不得放在轨枕上，以免钢轨就位时砸飞配件或翻倒钢轨伤人。 12. 当联结钢轨接头，安装接头夹板螺栓时，严禁用手指摸探螺栓孔眼。 13. 安装滑床板、垫板时，必须使用撬棍等工具进行就位，严禁直接用手调试就位；安装尖轨时，严禁将手脚放在基本轨和尖轨之间。安装轨撑时，不得用手探摸轨撑与钢轨、滑床板、垫板间的空隙
	8.2.2 上砟	道砟密实施工安全风险	1. 拨道时，须将撬棍放在轨底，与钢轨轴向的角度不得小于45°，插入深度不小于20cm，以免滑撬摔到。 2. 用铁镐进行捣固作业时，工作人员不准相对站立，各组的间隔不准小于3根轨枕。 3. 起道时，使用的起道机必须具有速降装置，起道机平稳地放在道砟上，不得歪斜俯仰；放落时工作人员不得将手脚或工具放在钢轨上，以免压伤。 4. 起道时，起道机应稳固地安放在道砟上，不得歪斜；起道机松扣下落时，施工人员的手脚不得放在钢轨下；起道机用完后，应放在限界外，严禁留在道心内或钢轨旁。 5. 使用起道机应符合下列规定：由受过训练的施工人员操作；操作人员不兼做其他工作；操作人员必须人不离机，手不离把；注意防护信号，随时做好下道准备。

预控项目		主要施工风险	预控要点
8.2 碎石道床	8.2.2 上砟	道砟密实施工安全风险	6. 机械捣固应符合：操作人员事前经过训练；每台捣固机有专人负责；使用捣固机架作业，应备有起镐摇把，并有应急下道措施；捣固机下道，操作人员随机移动；配属的小车下道后，应稳妥地放在限界以外，并加防溜措施。 7. 拨道应符合下列要求：施工人员站在轨枕盒内成八字形；有专人叫号指挥，动作一致，防止滑撬；变换撬位时，施工人员严禁肩扛撬棍行走
8.3 轨排工程	8.3.1 轨排制作	钢轨焊接、切割施工安全风险	1. 钢轨抬起不宜过高，作业人员应与钢轨保持一定的距离，防止被砸伤、挤压。 2. 作业时，应正确穿戴劳保防护用品（有毒气体、光、烧伤、烫伤、灼烫的防护）。 3. 当焊机移动施工时，需确保焊机四周无人后，才能进行移动施工，避免机械伤害。 4. 焊轨设备应配备灭火器，焊轨地点应把可燃物清理干净或采取隔离措施
		轨排制作触电伤害安全风险	1. 临电安装时线路必须架空或固定，应做好线缆绝缘、防潮工作，派人定期巡查，对线缆破损处进行包裹或更换。 2. 电焊工必须持证上岗，必须穿绝缘鞋、戴绝缘手套等安全防护用品。 3. 电焊机须配专用开关箱，设备外壳应做好 PE 保护接零。 4. 交流电焊机必须配备二次空载降压保护器或防触电保护器。 5. 定期对焊机等设备开关箱进行检测，并确保漏电动作电流不应大于 30mA，漏电动作时间不应大于 0.1s。 6. 电焊机的二次线应采取防水橡皮护套铜芯软电缆，长度不应大于 30m。 7. 严禁露天冒雨从事电焊作业
		轨排堆放起重伤害安全风险	1. 起重吊装作业应编制安全专项方案，层层交底，并确保作业人员严格按照方案实施。 2. 建筑起重设备必须经实施产权登记、安装告知、安装后自检、委托有资质的第三方检测单位检测，检测合格后向安监站申领使用登记证的程序办理合法使用手续，确保设备合格，相关手续应齐全。 3. 起吊前，严格履行吊装令（设备进场验收、吊装条件查验、主控条件进行四方单位确认）制度，必须对地基承载力、周围环境进行预判，确保其安全可靠，再进行试吊。 4. 轨排起吊前，应对轨排的稳定性进行验收，确保满足要求后，再起吊。 5. 吊装过程必须严格遵守"十不吊"规定，并按起重吊装安全操作规程进行吊装作业

95

预控项目		主要施工风险	预控要点
8.3 轨排工程	8.3.1 轨排制作	轨排、轨枕、预制浮置板堆放安全风险	1.预先在地面上垫方木找平，再把轨排、轨枕、预制浮置板缓慢地吊放至方木上，避免轨排、轨枕、预制浮置板等与地面直接接触造成损伤。 2.轨排堆放层数不宜超高修改为轨排、轨枕、预制浮置板堆放层数不得大于5层。 3.轨排、轨枕、预制浮置板堆放时，上下应对齐，码垛之间应留有1m的安全空间。 4.轨排存放区场地应平整，防止轨排受力不均匀导致轨枕断裂
	8.3.2 轨排运输	轨道车行驶安全风险	1.轨道车司机必须持证上岗，在行车前对轨道车况做好全面检查，并做好记录。 2.轨道车应严格遵守行车调度命令，且按规定时间在规定区段内按规定速度行驶。 3.轨道车在发车前应进行鸣笛，应检查平板车装载的材料堆码稳固不超限界，并确认接收到正确的发车信号后才能开车。 4.调车员应熟练掌握指挥信号，作业时必须穿发光衣，轨道平板车在行驶时严禁载人。 5.轨道车行驶时发现轨行区有侵限物料须停车进行清理，记好位置，拍好照片并上报。 6.轨道车行驶时，推送速度应控制在15km/h内，行驶经过曲线和车站地段司机应加强瞭望，鸣笛慢行通过；行驶到道岔或道口前，轨道车应一度停车，确认道岔开向无误后缓慢通过；行驶过程中发现前方有人作业必须减速鸣笛，施工人员避让后才能通过。 7.施工作业面停车区域应设置红闪灯，防护距离临时车挡铁鞋处不小于5m；轨道车司机或信号员发现施工点未设车挡或铁靴，立即通知施工员整改，否则有权拒绝动车。 8.列车在作业区域对位时，司机应根据调车员手持信号灯光指挥缓慢行驶或停车。 9.轨道车停稳后，调车员应及时在轨道上安装防溜铁鞋，并在列车上前后悬置警示红闪灯
8.4 线路附属	8.4.1 道口	道口铺设安全风险	1.铺设前应行按设计要求调整轨设区域的轨枕间距，并将道心轨木盒内用道砟回填饱满平整。 2.道口板宜采用叉车或轨道小平车搬运，人工搬运应采用抬扛法。 3.安装时，作业人员应站在道床外，利用撬棍等辅助工具调平板面，严禁手抬。 4.安装完成后，应检查轮缘槽宽度和板面高度是否符合规范要求
	8.4.2 护轨铺设	护轨铺设安全风险	1.使用基地门式起重机或汽车吊吊钢轨时，先检查钢丝绳有无损伤，保持吊点、卡具对称连接且牢固，必须挂稳吊钩、对准中心后再起吊，对准摆放位置再下落，两端应设专人牵拉稳定索以控制平衡，由司索工统一指挥，吊起的钢轨下面及移运范围内禁止站人。

预控项目		主要施工风险	预控要点
8.4 线路附属	8.4.2 护轨铺设	护轨铺设安全风险	2. 采用人工装卸钢轨时,应使用撬棍、翻轨器、轨钳等工具配合简易移动吊架实施,长距离搬运时采用专用炮车或根据短轨重量采用抬扛多人对称搬运,禁止人工直接搬运。 3. 护轨支架打孔时,作业人员应蹲稳,钻头沿水平方向均匀施钻。 4. 安装时平稳将护轨放在支架上并立即固定
	8.4.3 车挡安装	车挡安装安全风险	1. 使用基地门式起重机或汽车吊吊钢轨时,先检查钢丝绳有无损伤,保持吊点、卡具对称连接且牢固,必须挂稳吊钩、对准中心后再起吊,对准摆放位置再下落,两端应设专人牵拉稳定索以控制平衡,由司索工统一指挥,吊起的钢轨下面及移运范围内禁止站人。 2. 车挡转运宜运送到安装地点附近,采用倒链A字架吊装卸车,并推运到位安装。 3. 车挡卸车时应平稳下落,吊物下方严禁站人、停留、穿行,推运时应清除前方障碍物

第9章 站后工程施工安全风险预控要点

预控项目		主要施工风险	预控要点
9.1 轨行区作业	/	轨行区作业风险	1. 必须制定轨行区作业安全方案，并层层交底，严格按方案实施。 2. 凭作业票进出轨行区，施工范围两端应设置防护，严禁超范围施工。 3. 平板车作业，应确保平板车制动装置完整并做好防倾倒措施。 4. 轨道车运输材料、设备必须有可靠固定措施，行车时司乘人员做好瞭望，轨道车严格执行行车速度规定，停置时应设置防溜措施。 5. 设备、材料严禁侵限
9.2 通风空调及保暖系统	9.2.1 预配加工及吊架安装	板材加工（机械剪板机使用）作业安全风险	使用剪板机必须严格遵守其安全操作规程
		法兰制作安全风险	1. 电焊作业按规定办理动火许可证。 2. 设置动火监护人，配备足够有效的灭火器材，清理周围可燃物
		吊架制作和安装作业安全风险	1. 使用台钻打孔严禁戴手套操作，严禁用手把持加工。 2. 高处作业人员必须按要求系好安全带，作业平台必须平稳可靠
	9.2.2 设备运输及安装	风管、风机、消声器等设备运输作业安全风险	在坡道上运输时，应在设备运输的前后方同时施加牵引力，并采取可靠的制动措施，防止人为失控
		风管以及设备安装作业安全风险	1. 应编制风管、设备吊装的专项安全技术方案，并层层交底，严格按方案实施。 2. 口径大的风管或设备需采取导链吊装的，导链要与顶板的混凝土结构做可靠的机械连接；起吊时两头要匀速起吊，保持风管平行上升，严禁倾斜。 3. 在吊装作业区域拉设警戒标识，表明作业区域，严禁非工作人员进入作业区域，并应注意在吊装过程中风管下方严禁站人和人员走动。 4. 吊装绳应挂在厂家指定的位置，起吊前应进行试吊，起吊前检查吊装绳是否符合安全要求，设备离开地面后暂停，进行安全检查，确保设备中心不偏移。 5. 吊装到指定位置后及时将吊架下方角铁安装并带好螺母，然后再进行调平
9.3 给水排水与消防水系统	9.3.1 管道安装	管道运输作业安全风险	1. 起吊管道上下车时，应用钢丝绳等吊带绑套管道，找好重心，平吊轻放，不得忽快忽慢和突然制动。 2. 现场管道若需临时堆放时，应选择使用方便、平整、坚实、干燥不积水的场地，堆放时必须垫稳，管垛两侧应立柱，防止管道滚动。 3. 二次搬运过程中，单人负重不得超过 50kg，在楼梯及空间狭小的地方通过时尤其要注意人员手脚，防止被挤压

预控项目		主要施工风险	预控要点
9.3 给水排水与消防水系统	9.3.1 管道安装	室外管道敷设作业安全风险	1. 沟槽开挖中发现管道、电缆及其他埋设物应及时报告，不得擅自处理。 2. 挖土中要注意土壁的稳定性，发现有裂缝及倾塌的可能时，人员要立即离开并及时处理
		室内管线敷设作业安全风险	1. 进行高处作业的要符合高处作业施工规范，并应制定安全可靠的管道上装方案。 2. 在有限空间进行管线敷设必须严格遵守有限空间作业要求。 3. 管道吊架现场高空进行电气焊作业时严禁其下方或附近有易燃物品，需有人监护，必要时要采取隔离措施。 4. 在装修吊顶前对安装的管道进行水压试验，试验压力值按设计要求及施工规范规定确定。应注意其他设备的成品保护
	9.3.2 设备安装	水泵房内设备安装作业安全风险	1. 设备安装就位应编制安装方案，对使用的手动葫芦、吊索进行核算，并层层交底，严格按方案实施，吊装前手动葫芦要与结构进行可靠连接。 2. 吊装绳应挂在厂家指定的受力位置，起吊前应进行试吊
		保温设备安装作业安全风险	高处作业人员必须按要求系好安全带，作业平台必须平稳可靠
	9.3.3 系统调试	系统调试作业安全风险	1. 调试开始前编制设备试运行、调试方案，并报监理等相关单位审批。 2. 压力测试时，操作人员须和作业点保持安全距离，应通知相关单位做好设备防护工作
9.4 动力照明系统	9.4.1 成套配电柜安装	设备运输作业安全风险	1. 设备吊装必须遵守起重吊装的要求。 2. 设备二次搬运使用手动液压叉车叉上设备后，设备四周必须用人工扶住柜体
		设备安装作业安全风险	1. 拆下的包装物应妥善堆放，及时清理出现场，应注意包装物上的钉子及消防安全。 2. 安装过程中应小心夹砸手脚。 3. 设备就位后应防火、防尘，用防水布进行成品保护。 4. 在高处进行设备安装时必须按要求系好安全带，作业平台必须平稳可靠。 5. 设备安装时应小心设备房间人孔处，做好孔洞防护
	/	电缆敷设及成端	1. 线缆盘运输严禁斜坡溜放。 2. 从高往低放电缆是严禁末端直接抛下。 3. 在曲线敷设时严禁人员站在曲线内测。 4. 在高处进行电缆敷设时必须按要求系好安全带，作业平台必须平稳可靠
	/	电缆成端作业安全风险	使用明火作业要按规定办理动火许可证，设置动火监护人，配备足够有效的灭火器材，清理周围可燃物

预控项目		主要施工风险	预控要点
9.4 动力照明系统	/	灯具安装作业安全风险	1. 安装较重大的灯具，必须搭设脚手架操作。 2. 在高处进行电缆敷设时必须按要求系好安全带，作业平台必须平稳可靠
9.5 供电系统	/	接触网基础开挖作业风险	1. 开挖基坑作业时坑口应设专人防护，当基坑挖深约 1m 时，应安装基坑防护板，以防倒塌。 2. 基坑开挖后未浇制基础前，应在基坑边设立安全防护措施及明显的安全警示标识。 3. 距基坑上口边沿 1m 范围内严禁堆放料具
	/	支柱及门型支架安装作业风险	1. 支柱及门形支架吊装应编制安全专项施工方案，并层层交底，严格按方案实施。 2. 严禁利用平板车承载各类吊车进行支柱组立作业
	/	接触网隧道内打孔安装作业风险	1. 使用车梯施工时，应统一协调指挥，严禁自行动车；车梯行进过程中，车梯上严禁站人；车梯推行时应匀速前行，严禁突然启动；车梯停稳时应做好防溜措施；上部作业人员必须在平台范围内作业。 2. 拉力测试时应做好安全防护，防止锚栓拉出，测试仪器坠下伤人及损伤仪器
	/	悬挂支持装置、支柱装配安装、架空地线架设及调整作业风险	1. 使用车梯施工时，应统一协调指挥，严禁自行动车；车梯行进过程中，车梯上严禁站人；车梯推行时应匀速前行，严禁突然启动；车梯停稳时应做好防溜措施，上部作业人员必须在平台范围内作业。 2. 作业时工具及材料应放置在工具包内以防撒落，车梯上工机具、材料放置稳妥；传递时应使用专门用具传递工具和材料，严禁上下抛掷。 3. 支柱固定螺栓未紧固前，不得上杆作业。 4. 雷雨天气或风力达到 6 级以上不得进行登高作业
	/	柔性承力索、接触线、刚性汇流排、接触线架设、刚柔过渡安装、地线、馈线架设作业风险	1. 架线时，放出线索下严禁站人；承力索紧线时，下锚线索下方、坠砣下面及近旁严禁站人。 2. 供电线、地线架设时，施工人员应站在曲线外侧作业，严禁站在曲线内侧作业。 3. 轨道车操作平台上人员和物料的总重量，严禁超过设计的容许荷载。 4. 汇流排安装时必须等轨道车停稳后方可进行架设，严禁作业车未停稳进行施工作业。 5. 刚柔过度施工过程应注意接触网受力方向，不得站在曲线外侧进行作业
	/	定位装置及悬挂调整作业风险	1. 必须同杆上、下两层作业时，上、下两层作业人员应分别位于支柱的两侧。 2. 杆上作业应携工具袋，严禁将工具、材料随手放在支柱上。传递料具应用绳索吊上、递下，不得抛接。

预控项目		主要施工风险	预控要点
9.5 供电系统	/	定位装置及悬挂调整作业风险	3. 调整作业人员不得位于线索受力方向的反侧，曲线上的调整作业人员应位于曲线外侧，应采取防止线索滑脱的措施并有防止线索滑跑的后备保护措施。 4. 调整作业时严禁踩踏绝缘子
	/	环网支架安装作业风险	1. 搬运支架时，如使用车梯底盘在轨行区搬运时，车梯底盘上严禁载人，做好安全防护，严禁在无人牵引的情况下让车梯底盘自行在轨道上滑行，车体底盘应设置刹车装置。 2. 施工时注意过往的施工工程车，施工两端规定距离设红闪灯，并设专人防护，当有轨行车辆通过时若梯上有作业人员应立即下梯，等轨行车辆离去后方可施工
	/	变电所电缆夹层支架安装作业风险	1. 设置通风措施，并设置监护人员。 2. 夹层施工时，应使用安全电压与安全照明。 3. 现场预留孔洞应做好防护
	/	变电所设备安装作业风险	1. 在手动液压叉车叉上设备后，设备四周应用人工固定柜体。 2. 连接电源时严禁带电作业，先检查电源线有无破损漏电现象，检查完后方能接电作业。 3. 设备安装时应注意变电所预留孔洞，防止掉入摔伤，预留孔洞应做好防护后方可施工
	/	防雷、接地施工作业风险	1. 电焊机在使用之前，应检查电源线、焊把线的绝缘是否完好，发现外皮破损应及时进行处理，未处理好之前禁止作业。 2. 露天使用的电焊机应有防止雨雪侵袭的措施，作业过程中应始终保持焊把与工作台及被焊接物体或潮湿的地面绝缘。 3. 动火作业应按动火作业相关要求实施到位，并履行动火审批程序，设专人监管，配备足够的消防器材
	/	系统调试作业风险	1. 冷滑试验前，应确保与变电所相连接的隔离开关均处于断开位置并已加锁，在隔离开关接触网侧，连接有明显标记的临时接地线，并且可靠接地。 2. 冷滑试验前，确认将要开通的线路上各种障碍均已拆除，满足运营车辆和受电弓安全运行的要求。 3. 接触网系统冷滑前，沿线各站出入口、轨行区出入口需张贴冷滑通告。 4. 进行动态检测时，人员不得在线路防护栏内行走，应制定动态检测的安全措施
	/	送电开通及停电作业风险	1. 送电前必须编制送电方案，并层层交底，严格按方案实施。 2. 送电前，沿线各站出入口、轨行区出入口需张贴送电通告。 3. 凡执行倒闸、绝缘测试、验电、接地等操作，均应严格执行1人操作1人监护及呼唤应答制度。

预控项目		主要施工风险	预控要点
9.5 供电系统	/	送电开通及停电作业风险	4. 未得到供电调度的命令之前，不得打开或撤除馈线隔离开关外侧的接地刀闸或内侧的临时接地线
9.6 通信系统	/	通信线路作业风险	1. 在挖沟地段应设专人巡回检查，遇有大雨、暴雨、连阴雨天气时，严禁开挖；已开挖的沟应根据有关规定及时回填，当天开挖的土沟应当天回填，如不能当天回填必须采取防止人员坠落的措施。 2. 进入电缆井里放缆时，作业人员进入前应先通风，并确认无有害气体。光电缆井内工作应采取防止高空落物等措施，井口应有专人看守，放光电缆人员距井口距离不应小于1m，并系好安全带。 3. 在隧道内布放光电缆时应制定相应的安全措施。高架桥上人工布放光电缆时施工人员身体严禁越过电缆支架外侧，人员应站在安全的一侧，行走时光电缆不得左右摆动，并设监护人员。 4. 人工抬放光电缆时，施工人员应用同侧肩抬运，拐弯时人应站在光电缆外侧，下坡、跨沟渠和拐弯处应设防护人员
	/	室内设备安装作业风险	1. 笨重设备（或机柜）搬运安装采用运输工具时应缓慢进行。应注意设备行进方向，随时纠正，防止倾斜。 2. 在设备未固定牢固前应有防倒措施。 3. 严禁将眼睛直视光通信设备和仪表上的激光发射端孔。 4. 蓄电池安装室内严禁有有机溶剂和腐蚀性气体，蓄电池应避免阳光直射，严禁接近热源和火源，蓄电池密封阀不应松动，不得拆卸密封阀，蓄电池安装时必须使用绝缘工具。 5. 作业人员应做好人体防腐蚀措施，发现蓄电池外壳破裂，液体外溢时，严禁碰触
	/	室外设备安装作业风险	1. 区间电话、中继器、扩音柱、直放站、视频摄像等设备的安装应牢固可靠，安装的位置严禁侵入设备限界，严禁影响信号的显示。 2. 安装高处扬声器、视频摄像机等设备时，应符合高处作业要求，并应及时做好防雷接地。 3. 在带电接触网附近进行光电缆引入时，应申请接触网停电后，做好防护措施，配备防护人员后方可进行。 4. 在机车上敷设电缆时，应避开周围热管路。机车通信设备、线路安装应固定牢固
	/	系统调试作业风险	1. 通信系统进行调试前，应制定调试方案、调试大纲及应急预案。 2. 通信测试仪表应正确连接，并且不得超量程使用。严禁无关人员拨动仪表。 3. 不得在仪表室（盘）周围安放对仪表灵敏度能产生干扰的设备、线路和管道等，也不得放产生腐蚀性气体的化学物品

预控项目		主要施工风险	预控要点
9.7 信号系统	/	光、电缆线路作业风险	1. 电缆和箱盒及管道等设备敷设时电缆盘应平稳牢固，电缆盘转动和敷设方向应相反。 2. 电缆敷设的人工组织应规范有序，复杂地段必须加设专人监护。 3. 在轨行区进行光缆、电缆接续时应设置安全警示标识或专人监护
	/	车载信号作业风险	1. 在机车底部、顶部安装车载信号设备时，必须在机车静止、熄火、不带电状态下进行，并做好机车防溜和人身防护措施，应在驾驶室放置"正在施工作业"明示牌。 2. 安装车载信号设备上下机车时，应有防跌落的防护措施。 3. 在机车内、外部进行焊接作业要按规定办理动火许可证，设置动火监护人，配备足够有效的灭火器材，清理周围可燃物。 4. 车载信号设备电源不得接入其他用电设备
	/	室内设备作业风险	1. 室内配线作业必须在机柜（架、盘）连接牢固后进行，作业人员不得在机柜（架）上部上走动、休息。 2. 室内施工用电和新设备导通试验不得使用既有设备电源
	/	室外设备作业安全风险	1. 凭作业票进出轨行区，施工范围两端应设置防护，严禁超范围施工。 2. 在道岔区段作业时，施工人员严禁站在道岔尖轨与基本轨间，严禁在道岔可动部分的地方坐卧、休息、停留。 3. 道岔转辙机安装应防止机械伤害。 4. 施工区域应设专人防护，如施工中不能及时回复道岔的规定位置时，应设置禁行标识。 5. 禁止金属器具在已开通使用的计轴传感器上滑行。 6. 更换轨旁设备时，严禁断开轨道牵引回路连接线
	/	系统调试作业风险	1. 试验前必须编制试验方案，并层层交底，严格按方案实施。 2. 建立试验现场的安全防护体系和措施，与试验无关人员不得进入试验现场
9.8 气体灭火	/	管网安装作业安全风险	1. 注意保护管网的密封和完好。 2. 打压试验前紧固各部螺栓，做好人身防护。 3. 电焊作业要按规定办理动火许可证，设置动火监护人，配备足够有效的灭火器材，清理周围可燃物。 4. 必须按要求系好安全带，作业平台必须平稳可靠
	/	气瓶运输安全风险	装卸气瓶应轻装轻卸，严禁用抛、滑、摔、滚、碰等方式装卸气瓶

预控项目		主要施工风险	预控要点
9.8 气体灭火	/	气瓶安装安全风险	1. 注意保护气瓶的完好和密闭。 2. 安装时有专人防护，防止气瓶倾斜、歪倒、碰撞。 3. 气瓶在移交前不得开启，张贴禁止开启的标签
9.9 疏散平台	/	测量定位安全风险	1. 凭作业票进出轨行区，施工范围两端应设置防护，严禁超范围施工。 2. 测量过程中，应注意轨道上的运行设备，及时避让
	/	材料运输，支架、扶手、平台与步梯安装安全风险	1. 凭作业票进出轨行区，施工范围两端应设置防护，严禁超范围施工。 2. 司乘人员动车前做好车辆检查，材料绑扎牢固，清道人员做好瞭望，严格执行行车速度规定，转弯处要鸣笛警示。 3. 使用轨道小车在区间内运输材料设备时，小车要有制动装置。 4. 施工过程中，应注意区间内轨道上的运行设备，及时避让，避免造成碰撞伤害。 5. 电焊作业要按规定办理动火许可证，设置动火监护人，配备足够有效的灭火器材，清理周围可燃物。 6. 材料堆放严禁侵限
9.10 其他专业（自动售检票系统、环境与设备监控系统、旅客信息系统、综合监控系统、导向标识）	/	线槽安装作业风险	1. 搬运金属线槽时，应注意绑扎牢固。 2. 使用角磨机进行线槽加工时，严禁拆下防护罩，必须佩戴护目镜及口罩。 3. 架空线槽安装人员必须按要求系好安全带，作业平台必须平稳可靠
	/	线缆敷设作业风险	1. 线缆盘运输严禁斜坡溜放。 2. 从高往低放电缆是严禁末端直接抛下。 3. 在曲线敷设时严禁人员站在曲线内测。 4. 在高处进行电缆敷设时必须按要求系好安全带，作业平台必须平稳可靠
	/	机柜设备安装作业	1. 拆下的包装物应妥善堆放，及时清理出现场，应注意包装物上的钉子及消防安全。 2. 安装过程中应小心夹砸手脚。 3. 设备就位后应防火防尘防水布进行成品保护。 4. 在高处进行设备安装时必须按要求系好安全带，作业平台必须平稳可靠
9.11 装饰装修	/	外架及操作平台风险	1. 搭拆作业必须编制专项方案，并层层交底，严格按方案实施。 2. 按要求对架体材料进行验收；按规范要求做好架子基础及验收工作。 3. 搭拆人员必须持有效证件上岗。 4. 搭拆人员应正确使用安全劳动防护用品。 5. 搭拆期间设置警戒区域，并设专人监护。 6. 搭设完后必须进行验收，确认合格挂牌后使用，并定期检查、保养。

预控项目		主要施工风险	预控要点
9.11装饰装修	/	外架及操作平台风险	7. 操作平台设防护栏杆并采取防倾覆措施。 8. 分段搭设时，分段验收
	/	高处坠落风险	1. 作业前应编制洞口、临边防护搭设方案。 2. 洞口、临边防护组织验收，验收合格后挂牌明示。 3. 人字梯、门式移动脚手架验收合格后使用且使用时必须有人监护。 4. 做好班组防护交接验收工作。 5. 洞口、临边防护措施，按方案要求做到工具化、标准化。 6. 正确穿戴及使用安全防护用品。 7. 拆除防护设施，必须经现场监理批准，并应及时恢复
	/	物体打击风险	1. 作业前，对作业人员进行安全教育及交底。 2. 安全通道上方应搭设双层防护棚，防护棚使用的材料要能防止高空坠落物穿透。 3. 预留洞口须用坚实的盖板封闭或根据情况设置防护栏杆。 4. 拆除或拆卸作业要设置警戒区域，并且在有人监护的情况下进行。 5. 正确穿戴及使用安全防护用品。 6. 同一作业区域内应避免交叉作业，必须交叉作业时，须采取防护措施
	/	火灾风险	1. 应制定消防管理制度，并进行消防演练。 2. 配置足够灭火器材及设施，合理放置。 3. 动火作业应按动火作业相关要求实施到位，并履行动火审批程序，设专人监管。 4. 严格按临电方案设置施工生活用电，作业后确认无火灾隐患后方能离场，易燃易爆品做好防护、转移、隔离
	/	中毒与窒息风险	1. 制定各项卫生管理制度，并严格执行。 2. 正确穿戴及使用安全防护用品。 3. 配置合理的药品。 4. 必须做好油漆、焊接、涂刷、喷涂等作业区域内通风措施和有害气体检测，并做好监护
	/	施工用电风险	1. 作业前编制用电方案经审批后实施。 2. 严格按方案要求布置线路及电箱，并在通电前做好验收，合格后使用。 3. 对电工进行安全技术交底及安全教育。 4. 电工必须持证上岗，严禁非电工动电。 5. 对电气设备及线路定期维修保养。 6. 做好日常巡查工作

第10章 典型案例

10.1 坍塌

10.1.1 案例1：暗挖隧道工程坍塌事故

1. 事故经过

某地铁车站出入口暗挖隧道施工时，发生塌方事故。事发当天7时左右，施工人员发现作业面隧道出现轻微裂缝，并伴有少量土方掉落，作业班班长派人进入隧道对裂缝部位加固抢险，9：20左右作业面发生局部塌方，20多名作业人员均安全撤离，几分钟后抢险人员再次进入隧道抢险，随即隧道发生大规模土方坍塌（图10-1~图10-4）。

图10-1　施工机械对坍塌土方进行挖掘

图10-2　出入口坍塌造成周边房屋垮塌

图10-3　抢险人员通风抢险

图10-4　抢险人员对入口边坡进行喷护

2. 事故损失

事故造成6人死亡，直接经济损失达1342万元。

3. 事故原因

1）直接原因

（1）坍塌部位地质条件极差，土质疏松，自稳性极差，在抢险过程中发现体积约24m³的不规则空腔。

（2）坍塌部位隧道爬坡、断面变化、转向、结构本身受力状态复杂，当开马头门时，拱脚失稳造成隧道拱部产生环向裂缝，在抢险过程中发生坍塌。

（3）施工单位在险情发生后，未制定、采取任何安全措施，组织施工人员实施抢险，二次塌方人员被埋后，相关责任人隐瞒事故，未按规定第一时间向政府有关部门报告。

2）间接原因

（1）该标段地质勘探按照孔间距不大于50m的规范要求，事发部位处于探孔间距之间，勘探资料未能显示出地质情况。

（2）应急预案对施工过程中可能出现的风险考虑不全，出现险情后未能按照预案组织抢险救援。

（3）施工单位对劳务用工管理不严，使用无资质的劳务队伍从事施工作业。

4. 事故教训及预防措施

（1）建立健全安全管理体系和规章制度，针对突出问题和薄弱环节，采取切实有效的措施，强化全过程监管。

（2）加强对施工现场重大危险源和重大隐患的辨识、评估、登记、监控和动态管理，防患于未然。

（3）严格遵循作业规程，强化初期支护，重点抓好不良地质段防坍塌、涌水涌沙，做好地质加密补勘、超前地质预报、地质情况监测等安全技术防范措施。

（4）加强对管理人员和现场作业人员的安全教育培训，增强自我保护意识，提高自我保护能力。

10.1.2 案例2：地下车站深基坑工程坍塌事故

1. 事故经过

某地铁车站深基坑发生坍塌事故，造成临近路面长75m、深15m的路面塌陷，11辆行驶中的汽车坠入坑内，坑外土体的崩塌导致基坑围护结构失稳，支撑体系垮塌，大量泥水涌入基坑，现场多名作业人员被埋，周边人员紧急疏散（图10-5~图10-8）。

2. 事故损失

事故造成21人死亡、4人重伤、20人轻伤，直接损失达4961万元。

3. 事故原因

1）直接原因

（1）施工单位违规、冒险作业，施工过程中基坑严重超挖。

（2）支撑体系存在严重缺陷且架设不及时。

（3）基坑监测项目数据多次超报警值，未采取有效补救措施。

2）间接原因

（1）监测项目及监测点数量不满足设计和规范要求，部分监测项目的测试方法存在严重缺陷，监测数据存在造假情况。

（2）监理单位未严格按照设计及规范要求对施工过程进行监督管理。

（3）项目经理、总工程师随意变动，且项目经理长期缺岗，现场施工员未经资质培训；劳务组织管理和现场施工管理混乱。

（4）工程建设、设计、监理及施工单位对项目施工风险认识不足，监管缺失。

4. 事故教训及预防措施

（1）现场施工应严格按照经审查批准的施工方案进行，严禁超挖，应及时安装支撑，分块分段浇筑混凝土垫层和底板结构。

图 10-5　钢支撑垮塌

图 10-6　地下连续墙变形、破坏

图 10-7　抢险人员清理垮塌钢支撑

图 10-8　路面开裂造成社会车辆掉入基坑

（2）监测点的设置应符合相关规范和设计要求，项目各方须重视基坑的监测工作，通过监测施工过程中各监测项目的数据变化，及时发现隐患、及时采取补救措施，确保基坑施工安全。

（3）有多道内支撑的基坑围护体系应加强支撑体系的整体稳定性，明确相关的安装验收及质量检查的要求，加强监督管理工作。

（4）施工过程中加强基坑工程风险管理，建立健全风险管理制度，落实风险管理责任，组织突发事件应急演练，要加强技术培训、安全教育和考核，确保基坑工程安全。

（5）现场施工员必须经培训持证上岗，加强对劳务分包队伍管理，并加强现场施工安全质量管控。

（6）工程设计、施工、监理及建设单位应提高对项目施工风险的认识，加强现场监管。

10.1.3　案例 3：脚手架工程坍塌事故

1. 事故经过

某地铁停车场房建工程检修联合库施工过程中，发生脚手架坍塌事故。事发中午，按照整体由远而近、从南向北推进，先浇筑框架立柱、梁及楼板的顺序进行混凝土浇筑，塔吊配合进行物料搬运。20：30，塔吊司机关闭塔吊电源下班离开，21：03 左右，塔吊塔身处洞口边模板支架与塔身发生挤压、变形、倾覆，塔身、塔臂、配重坠落在模架体系上，导致脚手架大面积坍塌（图10-9~ 图10-12）。

图 10-9　塔机倾覆造成脚手架垮塌

图 10-10　抢险人员抢救运送伤员

图 10-11　脚手架垮塌现场

图 10-12　脚手架垮塌现场

2. 事故损失

事故造成5人死亡，7人重伤、10人轻伤，直接经济损失达700余万元。

3. 事故原因

1）直接原因

模板支架体系搭设时存在缺陷，在混凝土自重与施工荷载的作用下，致使模板支架体系产生局部失稳，最终导致模板支架整体坍塌。

2）间接原因

（1）未按规范要求编制相关施工方案，各级监督管理单位方案审批流于形式，涉及高大模板专项施工方案未组织专家评审。

（2）技术交底未交至作业层，架子工属于特殊工种，但现场作业人员均未持有有效证件。

（3）脚手架搭设完成后施工单位、监理单位均未组织使用前检查、验收工作。

（4）钢管及扣件质量不满足规范要求，脚手架搭设过程中未严格按照施工方案执行，随意更改相关参数。

（5）混凝土浇筑未按方案及交底要求进行，未采取分层、对称、均衡浇筑混凝土，导致模板支架失稳。

4. 事故教训及预防措施

（1）严格按照相关规定、管理办法对危险性较大分部分项工程编制安全专项施工方案，并组织专家进行论证、审查。

（2）做好专项方案的三级技术交底，现场特种作业人员必须持有效证件上岗作业，加强对作业人员的安全教育及业务培训。

（3）加强对脚手架及扣件等原材料的质量控制，须经试验检测，合格后方可使用。

（4）加强对施工过程的监督管理，每道工序严格执行验收制度，合格后方可进行下道工序施工。

（5）混凝土浇筑严格按方案及交底进行，采取分层、对称、均衡浇筑混凝土。

10.1.4 案例4：钢筋工程坍塌事故

1. 事故经过

某在建工程发生钢筋坍塌事故。事发当日6：20，作业人员到达现场进行墙柱插筋和挂钩作业；7：00时许，现场钢筋工发现已绑扎墙柱钢筋与轴线位置不对应，现场技术员和放线员接到报告后去现场查看核实；8：10，现场确认筏板钢筋体系整体位移约10cm，随即管理人员下令钢筋班停止现场作业，并通知司索信号工配合钢筋工将上层钢筋网集中堆放钢筋调离，调集电焊工准备对马凳加固；8：20，筏板基础钢筋体系失稳整体发生坍塌（图10-13、图10-14）。

图10-13　钢筋坍塌现场

图10-14　抢救伤员

2. 事故损失

事故造成10死亡，4人受伤。

3. 事故原因

1）直接原因

（1）未按照方案要求堆放物料，将整捆钢筋集中堆放在上层钢筋网上，导致马凳筋失稳，产生过大的水平位移，进而引起立筋上、下焊接处断裂。

（2）未按照方案要求制作和布置马凳，导致马凳承载力下降。

（3）马凳及马凳之间无有效的支撑，马凳与基础底板上、下层钢筋网未形成完整的结构体系，抗侧移能力很差。

2）间接原因

（1）施工现场管理缺失，未按要求对作业人员实施钢筋作业的技术交底，安全培训教育不到位且对劳务分包单位管理不到位，因抢工期而未意识到集中堆放钢筋带来的隐患。

（2）施工单位备案项目经理长期不在岗、专职安全管理人员配备不足。

（3）监理单位对现场施工未尽到监督管理职责，对钢筋作业现场未按方案施工的情况未及时发现并纠正违规行为。

4. 事故教训及预防措施

（1）严格落实企业安全生产主体责任，抓好各项安全生产政策措施的落实，全面提高施工安全管理水平。

（2）施工单位要有效地组织检查，及时消除施工现场安全隐患，项目负责人必须具备相应资格和安全管理能力，必须依法到岗履职，保证施工现场安全生产管理体系、制度的落实。

（3）严格技术管理，严格执行专项施工方案、技术交底的编制、审批制度，现场作业人员不得随意降低技术标准，违章指挥作业。

（4）进一步完善底板钢筋支撑结构（马凳）设计、制作、验收和检查标准。

（5）严格按照设计及规范要求加工及安装钢筋，严禁在钢筋网上集中堆载。

10.1.5 案例5：桥梁工程坍塌事故

1. 事故经过

某在建高速公路连接线互通匝道桥梁发生坍塌事故。事发当日 6：45 左右，现场管理人员指挥 51 名作业人员进行堆载沙袋作业。9：10 左右，当堆到距模板约 2.5m 高，堆载重达 700 余吨时，支架模板突然发生整体垮塌，27 名作业人员被支架模板及沙包压埋。

2. 事故损失

事故造成 6 死亡，20 人受伤，直接经济损失约 1000 万元。

3. 事故原因

1）直接原因

（1）施工过程擅自改变施工方案，支架体系存在严重安全隐患。

（2）堆载沙袋不均匀造成支架体模板系失稳。

2）间接原因

（1）技术管理混乱，支架设计和预压试验方案未按规定程序审批。

（2）施工现场管理混乱，堆载沙袋作业未按程序堆放。

（3）工程监理不严，对施工方案未经审批，支架体系存在明显隐患的情况，未采取有效措施予以制止并及时向上级反映。

（4）施工单位安全生产责任制未落到实处，现场安全监督管理工作不到位。

4. 事故教训及预防措施

（1）严格落实施工方案的审批制度，对于危险性较大分部分项工程须编制专项安全施工方案，并经专家评审通过实施。

（2）现场施工作业须严格按照设计图纸及施工方案进行，不得随意擅自更改。

（3）加强对现场作业人员的安全教育培训，严格落实未经培训不得上岗作业的制度。

（4）施工单位、监理单位须对在现场施工作业进行全过程监督管理，对发现的隐患须及时制止，监督整改。

（5）各参建单位须切实落实好安全生产责任制，保证施工现场安全生产管理体系、制度的落实。

10.2　物体打击

10.2.1　案例1：深基坑工程物体打击事故

1. 简要经过

某地铁车站（明挖法施工，车站标准段宽度为19.70m、底板埋深17.16m）在龙门吊进行钢筋吊运、供应底板绑扎作业过程中，剐蹭第三道钢支撑（最下层）至其失稳坠落，导致1名钢筋绑扎作业人员重伤经抢救无效死亡（图10-15）。

图10-15　钢支撑坠落现场

2. 事故损失

本次事故造成1人死亡，直接经济损失达400万元。

3. 事故原因

1）直接原因

现场钢筋作业人员在牵引钢筋缆风绳过程中方向控制不当，违规站在钢支撑下方，吊运钢筋时钢筋多次碰撞钢支撑，导致钢支撑断裂砸中该作业人员致其死亡。

2）间接原因

（1）起吊作业过程无信号指挥工，无专人旁站监控。

（2）钢筋作业人员安全意识淡薄，缺乏吊装作业安全知识。

（3）该单位现场检查监管不到位，作业人员违章未得到及时制止。

4. 事故教训与预防措施

（1）做好作业员安全知识教育培训，熟练掌握施工作业中必要的安全知识，提高其安全生产意识。

（2）严格落实特种作业人员持证上岗制度。

（3）对起重吊装作业人员做好安全技术交底，吊装作业安排专人旁站监控，督促各项安全措施落实到位，杜绝违章指挥、违章作业发生。

10.2.2 案例2：车辆段、停车场工程物体打击事故

1. 简要经过

某地铁施工过程中，1名作业人员在联合检修库施工进行班前备料作业时，因相邻柱正在进行模板拆除作业，模板连接螺杆全部打开后，未及时吊离，且无人值守，无警示标识，瞬间失稳下落倾覆，砸伤相邻立柱作业人员，该作业人员经抢救无效死亡（图10-16）。

图 10-16　模板失稳坠落现场

2. 事故损失

造成1人死亡，直接经济损失430余万元。

3. 事故原因

1）直接原因

模板拆除人员未按安全技术交底中规定的模板拆除流程作业，模板连接螺杆全部打开后，未及时吊离，导致失稳倾覆，砸中相邻立柱作业人员。

2）间接原因

（1）劳务分包单位在拆除模板过程中没有按照总包联合检修库模板施工方案、安全技术交底组织施工。

（2）总包单位疏于对劳务分包单位的管理和作业现场的安全检查，致使安全技术交底未落实到位，模板连接螺杆全部打开后未采取临时固定措施。

（3）模板拆除危险区无人监护值守，现场安全监控不到位。

（4）模板拆除作业人员缺乏相应的安全知识，安全意识淡薄。

4. 事故教训与预防措施

（1）总包单位应严格按照模板施工方案、安全技术交底要求，监督、指导劳务分包单位施工，确保各项安全防范措施落实到位。

（2）对作业人员做好日常安全教育培训，有针对性地做好作业人员专项安全知识培训，提高安全素质。

（3）加强现场安全管理，加强安全巡视检查，发现违章，及时整改，杜绝"以包代管"现象发生。

10.2.3 案例3：站后工程物体打击事故

1. 简要经过

某地铁站后工程消防系统管道安装施工，孔某、金某、金某、付某 4 人用直径约 25mm 麻绳向上吊装长 6m 的 DN200 镀锌钢管，层顶安装的 2 个定滑轮间距约 4m，吊装高度 3.6m，管材东西两侧使用两个 3.2m 高移动式简易脚手架辅助作业，当管材提升至距地面约 3.4m，距吊架约 0.2m 高度时，西侧端 3 名工人开始向东移动脚手架准备临时斜靠支撑管材，此时麻绳突然折断，管材瞬时坠落，砸中付某头部，导致付某当场死亡。

2. 事故损失

导致 1 人死亡，直接经济损失 480 余万元。

3. 事故原因

1）直接原因

施工现场违反消防水系统施工方案要求，管道安装未采用倒链起吊管材，而使用麻绳起吊，致使麻绳拉断，钢管坠落，将站在管道下方的工人付某砸伤致死。

2）间接原因

（1）项目部在施工过程中未设专人监护，没有进行有效监督，未按照消防管道规范及该工程制定的消防水系统施工方案中的规定（喷洒干管用法兰连接每根配管长度不宜超过 6m，直管段可把几根连接在一起，使用倒链安装，但不宜过长。也可调直后，编号依次吊装，吊装时，应先吊起管道一端，待稳定后再吊起另一端）；施工单位在管道吊运安装过程中未进行专项验收，检查不到位，致使对危险性较大的管道吊装作业现场失管失控。

（2）项目部在管道吊装施工方案未经监理方审核验收通过的情况下，擅自组织管道吊装作业，且未按规定对现场作业人员进行有效的安全技术交底，为赶施工进度不通知现场监理人员就擅自组织加班作业，导致作业现场失去监护。

（3）项目部未按规定对管道吊装作业人员进行三级安全教育培训，工人未经专项技能操作培训就上岗作业，不具备安全操作技能，加之安全意识淡薄导致事故发生。

（4）现场监理人员履职不到位，在审核施工方上报的管道吊装施工方案未予通过要求其修改完善后，未进行有效的跟踪落实，对施工方擅自组织施工未加制止，未采取有效的监理措施。对施工方违规使用麻绳替代倒链进行管道吊装作业未及时巡查和制止，隐患排查不到位。

（5）施工方和监理方均未严格落实安全生产大检查要求，对安全生产工作重视程度不够，日常安全检查不到位，没有严格落实隐患排查治理制度，安全巡检走过场，隐患排查治理存在盲区，没有达到全覆盖，对作业现场存在的事故隐患没有及时发现并消除。

（6）建设单位现场对各相关责任主体协调管理不到位，未实施有效的监督检查。未及时督促相关方认真履行职责，确保施工安全；未按规定与相关方签订安全生产管理协议，对相关方及其管理人员证照、证件过期情况审核把关不严；对在建重点建设项目安全监管重视程度不够，日常安全检查及督导落实不到位。

4. 事故教训与预防措施

（1）施工单位要认真吸取事故教训，严格落实企业安全生产主体责任，建立完善安全生产管理机构体系，树立"以人为本、安全第一"的理念，切实做到安全工作与施工作业同部署、同落实。

（2）施工单位要加强对作业人员的安全教育和培训，尤其对具体操作人员要扎实开展安全生产法律法规以及国家标准和行业标准的教育培训，认真落实公司、项目、班组三级安全培训制度，使全体职工进一步熟悉安全生产法律法规和规章制度，掌握安全操作规程和技能，提高安全防范意识，切实做到未经安全培训考核合格的不得上岗作业。要进一步强化危险性较大的吊装作业的安全管理，严格条件确认、资质审核和现场管控，杜绝"三违"现象，确保施工作业安全。

（3）施工单位要进一步修订完善安全生产管理制度，要把各项制度和操作规程真正落实到作业现场，切实加强对生产过程的安全管理，确保施工作业符合国家规定；作业前要认真开展技术交底，作业过程中要加强过程管控，尤其对吊装等较大危险作业要编制施工方案，加强巡检力度，坚决杜绝违规操作。

（4）施工单位要加强对现场施工的组织领导，明确责任分工，要配备具有相应资格的安全管理人员对吊装作业现场实施监控，要制定科学完善、安全可靠的施工方案，抓好施工作业的组织管理、统筹协调和安全监管，确保各级安全管理人员履职到位，确保现场作业安全。

（5）施工单位现场管理人员（包括施工员、安全员、质量员等）必须严格按照安全技术交底进行监督、指导劳务分包公司施工队作业。

（6）监理单位要组织现场监理人员全面开展隐患排查治理，对查出的隐患，要督促施工方认真进行整改，要采取有效措施确保隐患整改到位。隐患排查治理工作要做到全覆盖、严要求、重实效。

（7）建设单位要深入剖析事故的原因，对有关各方及各类人员的资质、证照情况及人员素质情况要进行全面审核把关，坚决杜绝不具备从业资格和相关专业技能的人员上岗作业，监督落实规范施工，杜绝"三违"现象，同时要严格按照国家有关规定与相关方签订安全生产管理协议。

10.2.4 案例4：桥梁工程物体打击事故

1. 简要经过

某轻轨站进行桥墩施工过程中，张某、王某未接受班前安全教育便开始施工作业。张某在桩孔底进行铲挖作业，王某操作吊运机将装满渣土的铁桶从14.5m深的桩孔底部吊起，上升过程中，王某发现吊运机突然抖动了一下，钢丝绳断裂，渣土桶坠落砸中张某，张某经抢救无效死亡（图10-17）。

2. 事故损失

造成1人死亡，直接经济损失370余万元。

3. 事故原因

1）直接原因

（1）升降用钢丝绳U形卡扣采用8mm规格，与使用的6mm钢丝绳不匹配，且夹座位置交替布置，未一致位于钢丝绳受力端，导致钢丝绳局部应力集中出现断丝。

（2）根据专家现场勘查和综合分析，由于操作人员操作失误（如渣土桶上沿卡在护臂最下端等情况），导致钢丝绳与渣土桶之间拉力瞬间加大，造成钢丝绳断裂。

图 10-17　桥墩施工事故现场

2）间接原因

（1）工人王某在使用吊运机前，未检查或未发现钢丝绳存在安全隐患。

（2）工人张某在渣土桶被吊起时，未正确使用半月板，未在半月板下方躲避，致使渣土桶坠落后被击中。

（3）项目部对作业人员"三级"安全教育培训不到位，班前安全教育流于形式，导致一线施工作业人员安全防护意识不足，违反操作规程作业。

（4）监理单位未认真履行监理职责，对机械设备进场验收不认真，未发现吊运机存在安全隐患。

4. 事故教训与预防措施

（1）项目部必须严格履行安全生产主体责任，加大现场安全管理和隐患排查力度，认真落实隐患排查制度。

（2）项目部应及时组织各施工、监理单位对全线施工标段开展全面自查自纠隐患排查工作，对发现的安全隐患及时停工整改，确保建设工地的施工安全。

（3）监理单位要严格履行监理职责，严格落实机械设备进场验收制度，并加强巡视检查，做好记录。

10.3　触电事故

10.3.1　案例 1：车站工程触电事故

1. 事故经过

某地铁项目钢筋工程焊接作业，黄某带领孙某检修 380V 直流焊机。电焊机修后进行通电试验良好。黄某安排孙某拆除电焊机二次线，自己拆除电焊机一次线。约 17∶15，黄某蹲着身子拆除电焊机电源线中间接头，在拆完一相后，拆除第二相的过程中意外触电，经抢救无效死亡。

2. 事故损失

本次事故造成 1 人死亡，直接经济损失 100 万元。

3．事故原因

1）直接原因

在拆除电焊机电源线中间接头时，未检查确认电焊机电源是否已断开，在电源线带电又无绝缘防护的情况下作业，导致触电。

2）间接原因

（1）黄某在工作中不执行规章制度，疏忽大意，凭经验违章作业。

（2）孙某未有效地进行安全监督、提醒，未及时制止黄某的违章行为。

4．事故教训和预防措施

（1）带电作业时，必须有专人在旁监督协作。

（2）作业时，规范使用劳动保护用品，防止触电等意外情况的发生。

（3）完善设备停送电制度，制定设备停送电检查流程。

10.3.2 案例2：暗挖隧道工程触电事故

1．事故经过

某公司在地铁工程施工中，工人马某（挖土工）在隧道内进行电焊作业时发生触电事故。

2．事故损失

事故造成1人死亡，直接经济损失80余万元。

3．事故原因

1）直接原因

挖土工在隧道内进行电焊。

2）间接原因

违章操作，非焊工进行接线作业。

4．事故教训和预防措施

（1）严禁非电工作业人员进行接线作业。

（2）加强作业现场安全监管，严格遵守监护作业等强制性规定。

10.3.3 案例3：材料／垂直运输作业触电事故

1．事故经过

某工程人工挖孔桩施工，因下阵雨，大部分工人停止作业返回宿舍，25号和7号桩孔因地质情况特殊需继续施工（25号由江某等两人负责），此时，配电箱进线端电线因无穿管保护，被电箱进口处割破绝缘造成电箱外壳、PE线、提升机械以及钢丝绳、吊桶带电，江某触及带电的吊桶遭电击，经抢救无效死亡（图10-18）。

2．事故损失

本次事故造成1人死亡，直接经济损失100余万元。

3．事故原因

1）直接原因

电缆线绝缘破坏，导致吊桶带电，触电死亡。

2）间接原因

（1）电源线进配电箱处无套管保护，金属箱体电线进口处也未设护套，使电线磨损破皮。

（2）重复接地装置设置不符合要求，接地电阻达不到规范要求。

（3）电气开关选择不合理，不匹配，漏电保护参数选择偏大，不匹配。

（4）现场施工用电管理不健全，用电档案建立不健全。

图 10-18 触电示意图

4. 事故教训和预防措施

（1）对现场用电的线路架设、接地装置的设置、电箱漏电保护器的选用要严格按照用电规范进行。

（2）建立健全施工现场用电安全技术档案，包括用电施工组织设计、技术交底资料、用电工程检查记录、电气设备试验调试记录、电工工作记录等。

10.3.4 案例4：站后工程触电事故

1. 事故经过

某施工单位水电工赵某卫在生间开孔作业，当时地面存有积水，赵某手上没戴绝缘手套。作业时将楼板内预先敷设的照明电源线钻破，芯线外露，导致水钻外壳带电，赵某触电倒地死亡（图 10-19）。

图 10-19 事故发生现场

2. 事故损失

本次事故造成 1 人死亡，直接经济损失约 50 万元。

3. 事故原因

1）直接原因

作业时楼板内预先敷设的照明电源线路没有及时断电。

2）间接原因

（1）漏电保护器失灵，当设备外皮带电时，没有起到保护作用。

（2）手持电动工具的金属外壳未做可靠的接零保护。

（3）作业工人未佩戴绝缘手套。

4. 事故教训和预防措施

（1）配电箱所有器件应确保灵敏有效。

（2）用电设备的金属外壳有可靠的接零保护。

（3）在潮湿的环境下施工，要正确使用、佩戴劳动防护用品。

10.4　起重伤害

10.4.1　案例 1：基坑工程起重伤害事故

1. 事故经过

某市地铁车站出入口施工，吊车司机将汽车吊架设在沟槽边缘土质松软且易坍塌的地面上，未在左前侧支腿下方垫设垫板，当钢筋吊运至汽车吊左侧时，发生一起汽车起重伤害事故，造成 5 辆小轿车不同程度受损（图 10-20）。

图 10-20　汽车吊倾覆现场

2. 事故损失

本次事故造成 3 人死亡，直接经济损失约 450 万元。

3. 事故原因

1）直接原因

驾驶员违章操作，吊筋吊运左侧时，左线液压支腿处压力加大，致使汽车吊左前液压支腿下陷，最终导致汽车吊整体倾覆。

2）间接原因

（1）项目部吊运钢筋作业现场安全管理缺失，没有按照吊运作业要求，安排有资质的信号司索工进行作业，也没有安排专业现场进行管理和设置警戒。

（2）施工作业及管理人员执行安全生产规章制度不到位，相关管理人员未按吊装作业要求对现场实施管理。

4. 事故教训和预防措施

（1）起吊前，必须对地基承载力、周围环境进行预判，确保其安全可靠，再进行试吊。

（2）吊运作业时，现场设专人指挥，专人管理及警戒。

10.4.2 案例2：竖井提升作业起重伤害事故

1. 事故经过

某地铁某标段在暗挖施工时，某分包单位的作业人员梅某、陆某、徐某、马某、潘某等五人进入导洞施工，其中陆某、徐某、马某在一竖井底部从事向井外清运土方作业，牟某操作起重机。2：45左右，施工现场使用的电动单梁起重机在提升过程中发生冲顶，吊钩滑轮组与电动葫芦的护板发生严重撞击，电动葫芦钢丝绳断裂，料斗从井口处坠落至井底，将在井底清土作业的人员陆某、徐某、马某三人当场砸死。

2. 事故损失

本次事故造成3人死亡，直接经济损失约120万元。

3. 事故原因

1）直接原因

在电动单梁起重机没有安装导绳器、上升限位器并且起重滑轮边缘局部破损的情况下，继续使用起重设备，以致在吊斗提升过程中发生冲顶，受力的钢丝绳滑出滑轮轨道，被破损的滑轮边缘剪断，吊斗随之落下。

2）间接原因

（1）作业人员牟某未经专业培训，持假操作证违章操作电动单梁起重机，在操作时未能及时发现机械异常。

（2）作业人员陆某、徐某、马某安全意识淡薄，不了解施工现场存在的安全隐患，违反"不得随意进入施工现场起吊作业区域"的规定，在起重机吊运过程中盲目进入起重机垂直运输区域清土作业。

（3）施工现场管理人员监管不力，对起重机运行安全状况及操作人员的持证情况检查不到位，也未及时发现电动单梁起重机存在的隐患和缺陷。

4. 事故教训和预防措施

（1）施工现场严格对所使用的特种设备进行全面检查，保存检查记录，保证各项安全装置灵敏有效。

（2）起重机司机为特种作业人员，必须持证上岗。

（3）加强对作业人员的安全操作规程和安全生产意识的教育，保证作业人员了解工作区域内存在的安全隐患。

（4）加大对施工现场安全检查力度以及各项安全管理措施落实情况的检查，以确保发现隐患并能及时采取有效的整改措施。

10.4.3 案例3：机械设备安拆作业起重伤害事故

1. 事故经过

某地铁盾构区间贯通后总包单位委托某分包进行龙门吊拆卸工程。分包商租用110t、50t汽车吊各一台，准备拆除左线45t龙门吊机。承包商在对分包商租用的汽车吊和作业人员上岗证进行检查时发现2台汽车吊均没有随车携带安全检验合格证，遂要求分包商停止施工。但分包商以龙门吊大梁螺栓已经拆除，如不吊放到地上存在极大的安全隐患为由继续施工。中午12：00左右，在分包商用2台汽车吊把大梁吊起来平移的过程中，110t的汽车吊突然倾倒，致使大梁和110t汽车吊的臂杆一起砸向50t汽车吊（图10-21）。

图10-21　吊车倾倒事故现场

2. 事故损失

事故造成110t汽车吊臂杆变形、驾驶室损坏，50t汽车吊局部受损，汽车驾驶室被砸坏，龙门吊大梁变形，无人员伤亡。

3. 事故原因

1）直接原因

110t汽车吊在吊抬大梁过程中，左前支腿油缸突然失压，支腿内锁造成吊车车身失稳，以致吊车向负重侧倾翻。

2）间接原因

承包商对现场管理不力，对分包商的资质审查不严格，在发现分包商租用不合格施工机械后未能禁止其进场。停工指令未得到严格落实。

4. 事故防范和预防措施

（1）对所有进场设备进行严格的验收。确认其证照齐全，机械性能合格，安全装置齐全有效，操作人员资质完备。

（2）总包方不得将工程分包给不具备相应资质的单位或者个人进行施工；总包方应该对分包方进行严格的管理。

10.4.4 案例4：桥梁工程起重伤害事故

1. 事故经过

某地某大桥墩平台按照工作流程进行正常施工，带班人员安排汽车吊司机（持有特种作业人员操作证书）配合12号钻机工人进行钢筋笼以及导管的吊装，12号钻机工人将吊车钩子挂上捆扎导管的钢丝绳，导管被吊运至10号墩5号桩基正上方时，捆扎导管的钢丝绳突然断裂，导管整体滑落，砸在18号钻机的顶棚上，导致钻机工人甲头部受伤，经抢救无效死亡。

2. 事故损失

造成一人死亡，直接经济损失人民币100余万元。

3. 事故原因

1）直接原因

用于捆扎吊运导管的钢丝绳锈蚀严重，强度降低，致使在吊运重物时断裂。

2）间接原因

（1）汽车吊司机违规起吊，未在信号工的指挥下擅自起吊。

（2）作业人员在已吊物下方冒险穿越。

（3）现场使用钢丝绳维护、保养、检查不到位，在钢丝绳严重锈蚀情况下未及时更换。

（4）特种作业人员管理不严格，无证作业人员违章指挥。

4. 事故防范和预防措施

（1）起重吊装作业必须设置警戒，起吊前进行清场，确认起吊条件。

（2）吊车作业必须持证上岗，起重吊装时现场需设专人监护。

（3）现场管理人员安全意识应加强，履责应到位。

10.5　机械伤害

10.5.1 案例1：自卸车维修机械伤害事故

1. 事故经过

某市地铁工程，一台装满渣土的自卸车液压系统失灵，无法将车斗升起。上午9：00左右，司机同维修工一起对自卸车进行检修，维修工在自卸车底下对车辆初步维修后，车斗升起了1/3行程，大约有1m的高度。维修工接着把头伸进大梁和升起的车斗之间准备继续维修，司机劝说等把渣土卸了再修，维修工未采纳，在维修工进入车斗下几秒钟后车斗突然落下把维修工夹住，后经抢救无效死亡。

2. 事故损失

1人死亡，直接经济损失65万元。

3. 事故原因

1）直接原因

维修工在对自卸车辆进行维修的过程中，未能遵守《机修工安全操作规程》，在未将升起的满载车斗支撑牢固的情况下，将头及上胸探入不能保证安全的满载车斗下方，导致车斗下落后压上头胸部。

2）间接原因

（1）施工单位对现场安全管理不到位，未能严格教育、督促从业人员严格执行安全生产规章制度和安全操作规程。

（2）工人违章作业，未遵守安全操作规程。

4. 事故教训和防范措施

（1）加强现场安全监督管理、巡检力度，对违章作业行为及时制止。

（2）加强对从业人员的安全教育培训。

（3）机械作业人员要严格执行安全操作规程，液压机升起时必须有硬支撑。

10.5.2　案例2：装载机维修伤害事故

1. 事故经过

某城市地铁，一台装载机发生故障，检修人员李某在维修装载机时，由于操作失误损坏了装载机液压管，导致装载机铲斗失压后瞬间下降，检修人员李某躲闪不及时，被卡在下降的液压杆与轮胎之间（图10-22）。

图10-22　维修工被卡在液压杆与轮胎之间

2. 事故损失

1人受伤。

3. 事故原因

1）直接原因

维修人员违章操作，装载机铲斗液压举升时未采取固定措施，液压油管破损导致铲斗降落。

2）间接原因

（1）维修人员操作技能不熟练，不懂安全操作规程，违章作业。

（2）施工单位隐患排查不到位，未及时制止机械维修违章作业。

4. 事故教训和防范措施

（1）做好人员安全教育培训、安全技术交底，告知作业人员每项作业的危险源及注意事项。

（2）严禁违章作业，对违章作业、冒险作业等行为要坚决予以制止。

10.5.3 案例 3：龙门吊倾倒伤害事故

1. 事故经过

某地铁工地，一台龙门吊发生了倾倒事故。一辆双龙 SUV 和一辆三菱轿车被龙门吊主体砸中，车辆严重变形。一辆现代轿车和一辆出租车分别在龙门吊内外空处，受损严重。据悉，事发时，双龙及三菱车中没有驾乘人员，现代及出租车中的驾乘人员没有受伤（图 10-23）。

图 10-23　龙门吊主体砸中双龙 SUV 和三菱轿车

2. 事故损失

车辆严重受损，无人员伤亡。

3. 事故原因

1）直接原因

由于正值暴雨期间，阵风风力超过 12 级，将龙门吊刮倒。

2）间接原因

（1）施工单位安全管理不到位，未能严格教育、督促作业人员执行安全生产规章制度。

（2）工人违章作业，未遵守龙门吊安全操作规程，大风天气未采取有效防风措施。

4. 事故教训和防范措施

（1）大风期间，要停止使用龙门吊等起重设施，停止吊装作业，并采取有效的防倾倒措施。

（2）加强大型起重设备操作人员安全教育培训，龙门吊等有轨起重机停止使用时应夹紧夹轨器。

10.6 车辆伤害

10.6.1 案例1：电瓶车运输车伤害事故

1. 事故经过

某地铁盾构区间，一电瓶车在运输渣土过程中，司机在车辆行进中将头部伸出车外，遭挤压死亡（图10-24）。

图10-24 事故现场

2. 事故损失

造成1名工人死亡。

3. 事故原因

1）直接原因

司机违章将头伸出车外，导致挤压致死。

2）间接原因

（1）施工单位未对电瓶车司机进行教育培训、安全技术交底，司机违反安全操作规程。

（2）项目安全管理不到位，未及时发现、制止违章作业。

4. 事故教训和预防措施

（1）完善电瓶车安全操作规程。

（2）对电瓶车司机进行安全教育培训、交底，使其掌握相关的安全知识，严格按照安全操作规程进行上岗作业。

10.6.2 案例2：轨道车行使车伤害事故

1. 事故经过

某地铁段铺轨工程现场，轨道车司机姜某驾驶轨道车运行到大老区间，司机姜某换挡减速突然发现制动失灵，立即鸣长笛示警，随车的领工员拉手闸辅助制动无效，轨道车滑向工作面并撞到位于工作面的3台小龙门吊，在小龙门吊附近的值班木工沈某躲避不及，被小龙门吊撞到轧伤，经医院抢救无效死亡。

2. 事故损失

1人死亡。

3. 事故原因

1）直接原因

轨道车制动缸橡胶皮碗严重损坏，导致制动失灵。

2）间接原因

（1）机械设备管理混乱，无轨道车检修计划，轨道车隐患未能及时消除。

（2）缺乏有效的轨道车到达工作面的安全防挡措施。

4. 事故教训、预防措施

（1）施工车辆、机械设备的安全装置应配备齐全，保持良好的机况。

（2）建立健全并严格执行车辆、机械设备安全管理制度，定期检修，消除隐患。

（3）加强作业人员安全教育，提高安全防范意识。

10.6.3 案例3：场地平整车辆伤害事故

1. 事故经过

某城市地铁车站，一台装载机在装运渣土倒车过程中，装载机坠落至基坑后发生侧翻，将驾驶员砸伤致死。

2. 事故损失

造成1人死亡。

3. 事故原因

1）直接原因

装载机坠落到基坑底部并向左侧翻，将驾驶员砸伤致死。

2）间接原因

（1）安全管理不到位，现场未安排专人指挥作业。

（2）未对驾驶员进行安全技术交底。

（3）安全防护不到位，基坑未及时安装防护栏杆、未设置警示标识。

4. 事故教训和预防措施

（1）配备专职人员在现场指挥车辆行驶。

（2）加强对作业人员的安全教育培训、交底。

（3）做好基坑防护，设置安全警示标识。

10.7 高处坠落

10.7.1 案例1：桥梁工程高处坠落事故

1. 简要经过

某地铁工程拆除作业中，杨某被安排上支架拆除万能杆件，杨某在用割枪割断连接弦杆的钢筋后，就用左手往下推被割断的一根弦杆（弦杆长1.7m，重80kg），弦杆在下落的过程中，其上端的焊刺将杨某（木工）的左手套挂住（帆布手套），该工人被下坠的弦杆拉扯着从18m的高处坠落，头部着地，当场死亡。

2. 事故损失

事故导致1人死亡，人员死亡赔偿、工程停工损失。

3. 事故原因

1）直接原因

下坠的弦杆拉扯，高处坠落死亡。

2）间接原因

（1）个人严重违章操作，高处作业不系安全带，冒险蛮干。

（2）施工现场安全管理混乱，管理人员巡视不到位。

（3）"三违"现象严重，监督检查不到位。

（4）木工违章进行高处作业，作业人员培训、教育、交底不到位。

（5）高处作业未按要求设置安全防护设施，人员未佩戴安全带。

（6）木工违章进行高处动火作业，且无监护人。

（7）未编制拆除方案或未严格按方案进行拆除施工。

4. 事故教训和预防措施

（1）责任事故，项目忙于赶工期、抢进度，忽视安全管理，未制定拆除方案，作业人员进行安全拆除技术交底和培训，现场管理失控。

（2）施工前编制拆除方案，制定安全技术措施。按照《危险性较大的分部分项工程安全管理办法》的要求，对危险性大的、专业性强的作业都要预先编制安全技术措施和方案，分析施工中可能出现的问题，预先采取有效措施加以防止。

（3）加强作业人员安全意识项目应对高处拆除作业的人员进行相关知识的培训和教育后才能上岗。施工操作前进行安全技术交底，告知危险源及安全注意事项。同时，在作业过程中，安全管理人员一定要进行现场监督检查，一旦发现不安全行为，要立即制止和纠正。

10.7.2 案例2：车站结构工程高处坠落事故

1. 事故经过

某地铁车站工程施工，其中混凝土模板的安装拆卸由民营工程公司分包。事故当天，分包公司正在搭建车站风道模板。13：30时木工陆某、吴某在基坑12~15轴第二道钢管支撑上用6根方木（长4m×宽2.6m）搭成临时平台，并要求将一捆约30根方木堆放在此平台上。随后二人分别站在承载平台的两根钢管支撑上等待吊运。当方木快要吊运到指定地点时，东侧钢管支撑上的木工上前扶住方木，站在西侧钢管支撑上的陆某准备去扶方木时，不慎从距结构底板 4.4m 高的临时平台上坠落。坠落后头部插在结构底板预留的侧墙钢筋上，经急救确认陆某死亡。

2. 事故损失

事故导致 1 人死亡，人员死亡赔偿、工程停工损失、违章操作处罚。

3. 事故原因

1）直接原因

施工现场作业人员，擅自在基坑内钢管支撑上违章搭设简易操作平台，在不具备安全作业条件的情况下进行高处作业。

2）间接原因

（1）施工单位项目部对分包施工现场擅自在钢管支撑上加载（搭设平台并放置方木）失察，对分包队伍管理存在薄弱环节，对基坑内违章作业组织不坚决。

（2）分包公司项目部对施工现场安全管理不力，对违章行为没有予以及时制止。

（3）工程指挥部对施工现场监督管理不细，发现问题不够及时。

（4）对施工现场作业人员安全教育培训不到位。

（5）现场安全管理不到位或无管理人员，任何工种只要从事作业必须穿戴相关安全防护用品。

4. 事故教训和防范措施

（1）各参建单位应在总承包单位统一指挥协调下组织施工，并签订交叉作业安全生产协议，明确各自的安全生产职责。

（2）用法律法规规章制度管理行为，切实从严从细从实抓好分包管理。

（3）加强作业人员安全意识，项目应对高处拆除作业的人员进行相关知识的培训和教育后才能上岗。施工操作前进行安全技术交底，告知危险源及安全注意事项。同时，在作业过程中，安全管理人员进行现场监督检查，一旦发现不安全行为，要立即制止和纠正。

（4）加强企业在安全思想上的认识，建立健全规章制度，完善应急救援体系。

10.7.3 案例 3：轨道高架桥工程高空坠落事故

1. 事故经过

某轨道高架桥墩身高 19m，用高架索道提升混凝土串筒浇筑连续梁，起重机房距 5 号墩大约 150m，在 5 号墩作业平台上设了 1 号信号员张某（起重工），起重机房处设了 2 号信号员（女），彼此用对讲机联络和指挥。18：10 时，2 号信号员将对讲机交给 1 号起重卷扬司机后离开岗位回宿舍去了。18：20 时，一斗混凝土调运到平台上方，当下降到距平台约 50cm 高空突然下落将作业平台砸垮。作业平台上身系安全带的 2 名民工被悬吊在作业平台边，其中 1 人受轻伤。站在作业平台上而没系安全带的 1 号信号员张某从距地面 19.5m 高的作业平台上坠落身亡。

2. 事故损失

事故导致 1 人死亡、1 人轻伤，人员死亡赔偿、工程停工损失、违章操作处罚。

3. 事故原因

1）直接原因

当 2 号信号员将对讲机交给司机便擅自离岗时，司机没拒绝就将对讲机漫不经心地放在自己身后，在天色较暗又无信号联络的情况下冒险操作，在突发事件时又处置不当。起重机 2 号信号员擅离职守，造成 1 号信号员与起重司机之间信号联络中断。

2）间接原因

（1）起重机 1 号信号员张某高处作业不按规定系挂安全带。

（2）高处作业未按要求悬挂安全网和防护栏。

（3）施工公司对高处作业安全防护设施不全、作业人员违章行为失察。

4. 事故教训和防范措施

（1）起重吊装工人（包括：垂直运输机械作业的司机、安装拆卸工、起重信号工等）都属于特种作业人员，均应经地方有关部门组织他们在独立上岗作业前，接受与本工种相适应的、专门的安全技术理论学习和实际操作训练。经培训、考试合格，取得特种作业操作资格证书后，才能上岗作业。对于未经培训考核，即从事特种作业的，《建设工程安全生产管理条例》第 62 条规定了行政处罚;对造成重大安全事故，构成犯罪的直接责任人员，依照刑法的有关规定追究刑事责任。

（2）对参加起重吊装作业人员的日常安全教育、岗位应知应会教育，特别是非正常情况下的临危处置能力，必须常抓不懈，常教常新。

（3）安全帽、安全带、安全网的确是救命"三宝"。进入施工现场必须戴安全帽，登高作业必须系安全带，墩高在 10 m 以上的作业必须加设安全网。

（4）在施工现场常常搭设各种临时性的操作台或操作架以方便施工，这种短期内用于承载物料并在其上进行各种操作的构架式操作平台，制作前必须由专业技术人员按所用的材料，依照现行的相应规范进行设计，计算书或图纸要编入施工组织设计，要在操作平台显著位置标明它所允许的荷载值。操作平台应具有必要的强度、刚度和稳定性，使用中不得有晃动现象。

10.8 火灾

10.8.1 案例 1：区间隧道工程火灾事故

1. 事故经过

某地铁区间隧道二衬施工已基本结束，只余 2.7m 宽的特殊变形缝处正在进行二衬施工。某日下午 16：30 左右，在所施工的一处变形缝，已做好二衬模板定位，在进行切割衬砌台车泵送混凝土浇筑口时，切割下的钢板不慎掉入已立好的模板内部无法取出，引起模板内底部改性沥青防水卷材燃烧（改性沥青自粘式防水卷材，燃烧后融化并释出大量浓烟）。现场施工人员立即使用备用的灭火器进行扑救，但由于模板台车已定好位，空间狭小且有钢筋阻挡，尽管使用了灭火器及自来水，但扑救效果不明显，导致火势蔓延，施工现场副经理安排人员迅速撤离，未造成人员伤亡。

2. 事故损失

事故无人员伤亡，工程停工损失、停产、减产损失、处理环境污染等其他损失。

3. 事故原因

1）直接原因

切割下的灼热钢板未采取防护措施，掉入待灌注的模板内，引燃底部改性沥青防水卷材产生大量浓烟。

2）间接原因

（1）现场制定的混凝土支模施工方案不细，方案未充分考虑模板台车定位后灌注孔位置与现场实际情况的差异，未在模板台车定位前对模板台车灌注孔进行改造。

（2）现场作业人员安全意识淡薄，在用电焊切割模板台车灌注孔时，对电焊明火作业可能引燃防水卷材的后果认识不充分，对改性沥青自粘式防水卷材这种新型防水材料的可燃性认识不足，没有及时采取处理措施。

（3）为依据现场实际情况，根据分项工程施工情况进行全面危险源辨识并制定防范措施，未在前一道工序完成后一道工序开始时进行安全隐患排查及治理工作，导致发生事故后现场无法控制。

4. 事故教训和防范措施

（1）建立健全和落实消防安全责任制，施工现场必须建立健全消防安全责任制，并成立领导小组。施工企业、工程项目部和施工班组要层层签订消防安全责任书，履行各自消防安全管理职责。项目部应根据工程的规模配置1名以上的兼职消防员，有条件的工地，可以建立一支经过培训的义务消防队伍。项目部还必须建立防火制度、动火审批制度、消防安全检查制度、危险品登记保管制度、职工消防安全教育制度等，并认真贯彻落实。

（2）应先确定现场火灾的危险等级、火灾种类以及要保护面积所需的总灭火级别，然后根据各设置点的具体要求、准备选用的灭火器种类、灭火器规格来确定配置数量，根据配置场所的固定消防设施情况进行修正。

（3）严格火源管理，项目部应加强现场火源的管理，严格动火审批制度。在食堂、仓库、材料堆场、木工制作场地等重点部位应设立明显的《严禁烟火》等防火、防爆标识；易燃、易爆物品应专人负责管理，并建立台账资料；氧气瓶、乙炔发生器等受压易爆器具，要按规定放置在安全场所，严加保管，严禁曝晒和碰撞；焊接场所应远离料库、宿舍；施工现场应禁止在具有火灾、爆炸危险的场所动用明火，因特殊情况需动用明火作业的，应根据动火级别按规定办理审批手续．并应在动火证上注明动火的地点、时间、动火人、现场监护人、批准人和防火措施等内容；施工现场还应设置固定的吸烟室，杜绝游烟现象。

（4）作业人员要对使用的新材料理化特性进行了解，了解其带来的施工安全风险，必须加以深刻认识、积极研究，不断辨识、不断排查，才能更好地认识、了解、熟知其可能产生的隐患，才能有针对性地采取相关措施掌握、处置、驾驭这些风险。

10.8.2 案例2：暗挖隧道工程火灾事故

1. 事故经过

某地铁双洞单线铁路隧道，设计多座斜井辅助施工，斜井到底后，向两侧双线施工。约至17∶20，作业人员铺设完一段8m的两块防水板，将第三块防水板搬上台架顶层，王某上到台架第三层架子，用氧-乙炔割枪切割挂电线的一根钢筋，其余人员陆续上到台架顶部进行挂防水板的准备工作。17：40左右，防水板刚顶起来准备铺设时，台架二层左侧部位着火并伴有烟雾和呛人气体，现场人员开始立即利用灭火器进行扑救，切断台架上的电源，并向洞外打电话报告。由于刚才割下的钢筋头引燃盲沟、防水板、台架脚手板等材料，火势发展很快，现场无法扑灭，同时引燃了380V主电线路，导致断电。18：00左右，防水板掉下阻断道路，12名人员在将氧气、乙炔瓶转移到就近横通道内后撤离，前方32名作业人员被困。在地方救援队伍和项目部抢险队员共同努力下，经过三个多小时的奋力抢救，火险得以排除，并于22：40将全部被困人员抢救出来。本次事故造成4人死亡，2人负伤。

2. 事故损失

事故造成4人死亡、2人负伤。

3. 事故原因

1）直接原因

割除的灼热钢筋头，掉落在软式透水盲沟上，引起燃烧，继而引燃防水板、脚手板等其他可燃物，是造成本次火灾事故的直接原因。

2）间接原因

（1）（电）气焊工王某违规作业，未执行相关的安全交底、技术交底，没有注意下方有软式透水盲沟等可燃物，也没有跟踪检查钢筋头的安全状态。

（2）对于散落在地面的防水材料，作业人员观察不细，未做出适当处理，并且当时下方无人监护。

（3）透水盲沟、防水板等材料燃烧产生的有毒有害气体，加重了本次事故的危害程度。

（4）应急、自救的培训工作流于形式，使员工对事故发生后的逃生、抢险、救助知识运用不够熟练，同时现场避险、逃生设施不完备，扩大了事故的危害程度。

（5）对二次衬砌工序中防水板安装各具体环节的安全工作认识、分析不足，对透水盲沟、防水板等可燃材料性质及其燃烧产生的有毒有害气体可能引发严重后果的预见性不强，未能针对性地提前、及时有效地进行防范。

（6）此次火灾事故，次生伤害严重，现场作业人员对施工材料性质认识不足，在洞室施工作业过程中及发生火灾事故后未及时穿戴好相关防护用品，致使次生伤害危机个人生命健康。

4. 事故教训和防范措施

（1）强化防火管理。对现场可能引发火患的作业和行为进行排查，在此基础上制定针对性的防范措施。坚持明火作业专人监护制度，同时加强对员工自救能力、消防器材使用、灭火方法等实用知识培训，将火灾隐患消灭在萌芽状态。

（2）划定易燃、易爆、危险品的存放地点，保持与明火作业面25m防火间距。严格计划控制领用材料数量，规范材料堆放，保证安全，动火区域材料、杂物必须清理干净，严禁堆放易燃易爆物品，并设专人看护。

（3）对盲沟和防水板等材料，进行科研立项，做防火和燃烧产生气体对人体危害的试验研究，从而制定针对性防范措施。

（4）对各项目应急救援体系进行认真分析，对各种预案进行演练，通过此手段查找预警机制、信息传递、应急措施、救援器材、人员应对等方面存在的问题，有针对性地进行完善，提高现场防范风险和处理紧急情况的能力。

（5）完善应急照明和报警系统。在斜井井底、正洞各作业面设置报警装置，并制定报警专项管理制度。在斜井井底、正洞各开挖、仰拱作业面和衬砌台车、作业台架设应急照明灯。

10.8.3 案例3：在建地铁通风设施火灾事故

1. 事故经过

某日，在建的某地铁某号线某站工地突然起火，现场冒出大量黑烟，一度造成"浓烟封路"的景象。据当地消防官方微博发布的消息，起火部位为某站的冷却塔，未造成人员伤亡。起火点位于某站内大街北侧，距在建的某地铁站东北口不过数米。据现场目击者称，着火的是一个白色的"大箱子"，属于地铁站通风口的配套设施。浓烟直扑向马路南侧一栋粉红色居民楼，对该楼造成了一定影响。事故没有造成人员伤亡。

2. 事故损失

现场一栋居民楼被烧。

3. 事故原因

1）直接原因

火灾是电焊作业造成，焊接时产生的高温火星，引燃了周围地面的施工易燃残留物，从而引起大火。

2）间接原因

（1）电焊作业人员未持有效合格证件上岗。

（2）作业人员的防火意识，作业前未观察周边的作业环境，电焊作业完成后未及时消灭火种，未待火种完全扑灭后离开。

（3）现场安全监管不到位。

（4）现场消防设施配备不齐全。

（5）现场人员消防意识淡薄，发生火灾后，未造成人员伤亡的情况下要立即组织对火灾进行扑救，控制火情及对周边造成的负面影响。

（6）现场未认真组织进行过防火演练，防火预案、防火组织机构、防火应急设施等不完善。

4. 事故教训和防范措施

（1）深刻反省此次事故的教训，本次事故虽然没有人员伤亡，但是对附近居民的生命造成了威胁，对居民的生活与周边交通造成了影响。

（2）现场施工时，涉及焊接作业的，必须严格按照要求做好施工防护，焊接范围内严禁木屑、纸屑、油料等易燃易爆物。

（3）建立健全消防安全责任制，实行消防责任区域制度，现场规划消防布置图，配备足够的消防器材。

（4）加强现场消防作业的安全检查，对违章作业、消防措施不落实等情况要求整改到位后方可继续作业。

10.9 爆炸

10.9.1 案例1：地铁隧道工程爆炸事故

1. 事故经过

某日，正在施工的某地铁出现渗水塌陷，造成天然气管道断裂爆炸。事故发生地距正在施工场地下某号地铁线15m左右。事故导致附近5000多户居民停水、停电、停气，附近的某大厦被爆燃的火苗"袭击"，事故没有造成人员伤亡。

2. 事故原因

1）直接原因

隧道施工过程中，拱顶下沉，导致自来水管产生裂缝，出现渗水，以至于土体被水浸泡，地面沉降，进一步导致煤气管道爆炸，最终地面塌陷。

2）间接原因

（1）第三方监测不严密，发现险情没有及时上报。

（2）管理人员未对施工区域进行定期和不定期全覆盖检查，在地质薄弱区域及特殊区域未进行地基注浆加固等工作。

3. 事故教训和防范措施

（1）施工前，应对沿线隧道上方的地表建（构）筑物及其基础类型、地下管线进行详细调查核实，并采取有效措施，确保施工中对其影响降至最低。

（2）地下管线出现险情立即进行加密监测，并将加密监测的结果及时上传至远程监控系统。

（3）仔细检查现场围护结构，对薄弱环节进行加固，同时，在隧道外采取充填注浆等手段，防止因土体流失造成地表沉降、管线沉降等更为严重的后果。

（4）施工项目应随时收集施工过程中出现的异常情况，及时分析、评估对安全的影响。出现较大风险时要加强与相关方的交流沟通，保持高度敏感，尽快采取有效措施，防止势态扩大，同时要进一步采取相应防范措施，防止事故发生。

（5）要重视安全隐患排查工作，把隐患排查作为日常安全管理的重要工作来抓，主要领导要带头排查分析本单位存在的安全隐患，把治理安全隐患和预防事故结合起来，落实相关措施，做好安全隐患的排查治理。

10.9.2 案例2：钻破煤气管道爆炸事故

1. 事故经过

某地铁某号线施工单位在某处钻勘察时，开钻后不久，突然地下开始"咝咝"往外冒气，空气中很快有了浓浓的煤气味，感觉是把煤气管钻破了，现场施工人员赶紧拨打了110和119电话。几分钟后公安和消防部门相继赶到现场，开始封锁现场，疏散人群。他们用仪器测量后，发现空气中的煤气浓度已到达爆炸极限。也就是说，只要有一点火星，就会引起大爆炸。于是他们一边用喷雾水枪稀释空气中的煤气浓度，一边要求警方迅速疏散周边的人流和居民。当时所有人的对讲机手机都已关掉，现场堆了很多钢管，只要弄出一点火星，后果不堪设想。经煤气管理人员的紧急抢修，半小时后险情排除。

2. 事故损失

事故无人员伤亡，此次事故造成周边的小区 596 户居民停气约 10h。

3. 事故原因

1）直接原因

作业人员对管线的走向位置不明确，盲目施工，钻破煤气管道。

2）间接原因

（1）钻机施工区域的管线未有明显或者无警示标识。

（2）钻探作业时未与管线位置保持足够的安全距离。

（3）钻探作业时，安全监督不到位。

（4）钻机作业时未有产权单位的旁站及交底。

（5）钻机作业前未进行人工探测。

4. 事故教训和防范措施

此次事故造成周边的小区 596 户居民停气约 10h。

（1）确认管线设施准确位置后，设立明显警示标识并保证安全警示标示的完好性。

（2）对作业人员进行管线位置安全技术交底。

（3）发现不明管道时，不能盲目擅自切断，要及时与燃气公司有关人员联系，确认是否是管线管道。

（4）施工时已设计有管线保护方案的，在未落实保护措施之前禁止下一步施工。

（5）作业人员在不了解管线走向或者对管道走向存在疑问的情况下，一定要管线产权单位人员到场进行现场确认。

10.9.3 案例 3：盾构机开仓（有限空间）作业爆炸事故

1. 事故经过

某日傍晚 6：15，某地铁某线施工现场发生事故，造成 2 死 5 伤。前日傍晚 6：10，某施工单位在盾构机开仓作业时，遇不明气体导致伤亡事故。打开仓盘室的门准备做检查，当仓门打开了，一工人拿起水管朝刀片上冲水，另一工人举着灯，把手伸进刀盘室内。按照规定，应该举着防爆灯查看刀片，这种低电压的灯即使坏了也只是灭了，而不会冒出火花。但工地就只剩下了最后一个防爆灯，而且要碰一碰才能亮。用了几个月后，这个灯也坏了。于是举着一根日光灯的灯管伸进了刀盘室。爆炸几乎就在此时发生了。当时有 18 人在作业。一声爆炸后，眼前一片尘土。现场距地面约 23m 深，作业面进尺 2000m。

2. 事故损失

事故导致 2 人死亡、5 人受伤。

3. 事故原因

1）直接原因

工人没有拿防爆灯，而是用普通的日光灯进入刀盘室，发生爆炸。

2）间接原因

（1）工地没有具备充足的防爆设施，没有定期检查防爆灯的损坏情况。

（2）施工作业人员安全意识不强，对细节工作没有检查到位。

（3）上级领导没有重视施工地点的各项安全因素。

（4）没有对开仓人员进行专业的开仓安全教育，避让新手。

（5）现场管理不到位，受限空间作业必须使用高压钠灯照明，检修电压为36V。不得采用日光灯照明。

（6）施工现场未进行施工作业前有毒有害气体检测工作，未执行先检测，再通风，再施工的工作工序。

（7）现场未进行隐患排查工作，未及时把控施工作业过程中的薄弱环节，未针对薄弱环节制定并实施有效的控制及整改措施。

4. 事故教训和防范措施

（1）做好开仓前的有害气体检测，仓内作业时也要持续检测有害气体浓度。

（2）必须认真梳理本单位、本片区的施工风险，严格监督各项防范措施的落实情况，加强暗挖隧道不良气体、不良地质的防范，完善危险源识别和应急程序，确保识别充分，应急反应迅速有效。

（3）重视安全隐患排查工作，把隐患排查作为日常安全管理的重要工作来抓，主要领导要带头分析本定位的安全隐患，把治理安全隐患和预防事故结合起来，落实相关措施，做好安全隐患排查和治理工作。

（4）进入仓内人员必须配足劳动保护用品，应按照操作规程进行施工操作。

10.10　中毒和窒息

10.10.1　案例1：地铁人工挖孔桩中毒、窒息事故

1. 事故经过

某地铁人工挖孔桩作业，工人在下井进行护壁混凝土浇筑时，井口操作人员发现一人倒在井底没动静，立即下井营救，也倒在井下。项目部管理人员立即全力组织力量抢救，但最终二人在现场经抢救无效死亡（图10-25）。

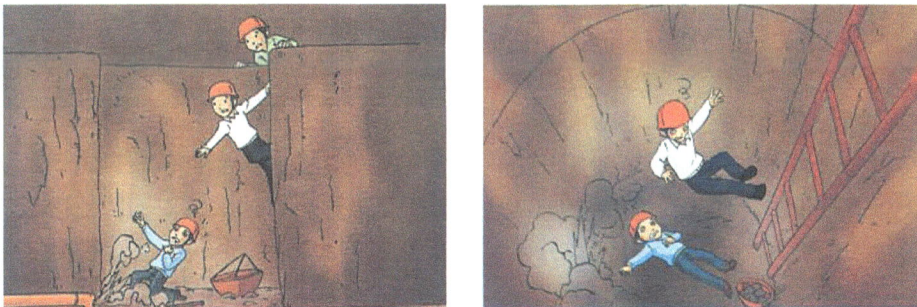

图10-25　模拟事故现场

2. 事故损失

2人死亡。

3. 事故原因

1）直接原因

井内突发不明气体，导致作业人员中毒窒息。

2）间接原因

（1）应急措施不到位，盲目施救，导致次生灾害发生。

（2）未进行有毒有害气体检测。

（3）井内无通风措施。

（4）安全教育培训、交底不到位。

4. 事故教训和预防措施

（1）加强对员工的安全教育培训、交底，强化员工的安全意识。

（2）进一步加强对施工中重大危险源的辨识和控制，对人工挖孔桩施工中存在的中毒、有害气体等安全隐患要及时发现和排除。

（3）加强应急救援管理，提高突发事件的应对能力。

10.10.2 案例2：地铁人工挖孔桩施工中毒、窒息事故

1. 事故经过

某地铁某号线施工现场，施工单位在组织工人进行人工挖孔桩时，1名工人在5.9m深处出现中毒迹象，另外2名工友闻讯进入孔桩对其施救时，也相继出现昏迷。经多方营救，3名工人中1人现场抢救无效死亡，另外2人被送往医院接受治疗。2名入院治疗人员生命体征平稳。

2. 事故损失

1人死亡，2人受伤。

3. 事故原因

1）直接原因

施工过程中挖破富含甲烷等有毒气体的土体，导致有毒气体逸出，工人吸入后中毒。

2）间接原因

（1）未对孔内气体进行有效检测。

（2）安全教育培训、交底不到位。

（3）应急措施不到位，盲目施救，地面人员在未采取有效措施的情况下，先后2人下井抢救，均因有害气体积聚浓度过高中毒。

4. 事故教训和预防措施

（1）人工挖孔桩施工时，应使用气体检测仪等检测工具进行检测，发现有害气体含量超过允许值时，应将有害气体清除至最低允许浓度范围内，并采取有效的防范措施。

（2）加强对作业人员的安全教育培训和应急知识培训，采取合理措施应对各种突发事件。

10.10.3 案例3：地铁污水管道维修中毒、窒息事故

1. 事故经过

某地铁护壁桩施工时，将排污管道挖断。作业工人接到命令，必须将管道接上。两名工人打开了事发井盖，下到地铁的污水管道进行维修作业。近20min后，工地负责人巡视

发现两人已昏倒在井里。该负责人马上叫来十几个工人过来救援，4名工人下井施救。救援人员没有配备防毒面具和氧气瓶，结果也先后中毒。

2．事故损失

2人死亡，4人受伤。

3．事故原因

1）直接原因

下井前未进行有毒有害气体检测，导致中毒。

2）间接原因

（1）未对工人进行安全教育培训、交底。

（2）无有毒有害气体检测设备。

（3）无安全防护措施，未配备防毒面具和氧气瓶。

（4）违章指挥，在没有防护措施的情况下强令工人下井救人，导致伤亡进一步扩大。

（5）应急救援预案措施不到位，盲目施救。

4．事故教训和预防措施

（1）加强员工的安全培训教育培训、交底，使其了解作业过程中的危险源，掌握相关的防护知识。

（2）加强突发事件的应急演练，提高突发事件的应对能力。

10.11 冒顶片帮

10.11.1 案例1：地铁车站工程坍塌事故

1．简要经过

某局项目部有关人员对某站北侧冠梁东段20~35m处的沟槽进行了机械开挖，形成了上口宽4m、下口宽3.5m、深度为4.5m的沟槽。6：30左右，项目部有关人员安排16名工人进入沟槽内清理管线及边坡，拟对沟槽进行支护。9：20，冠梁沟槽第20~26号桩位之间约10m长的南侧坑壁突然发生坍塌，塌方量约10m³（图10-26）。

图10-26 坑壁坍塌事故现场

2．事故损失

此次事故造成槽内2名施工人员不幸被坍塌土体掩埋致死。

3. 事故原因

1）直接原因

现场人员盲目采用机械方式一次开挖成型深约 4.5m 的沟槽，超出设计深度 1m，也未及时进行支护，且放坡不足，致使坑壁支撑力不足，为后续施工埋下隐患；现场管理人员又忽视安全作业条件，盲目安排施工人员进入沟槽内作业，导致坑壁土体突然失稳坍塌。

2）间接原因

（1）现场安全防护措施不足：监理人员对冠梁专项施工方案相关内容缺乏了解，未能及时纠正施工单位忽视后续施工安全条件、一次开挖成型较深沟槽的错误做法；特别是施工人员开挖北侧坍塌段冠梁沟槽时，监理人员未能坚守监理岗位，致使沟槽超深度开挖、放坡不足、坑壁土体自稳性差的隐患未能得到及时发现和消除，当班监理人员也未能及时发现现场隐患并制止施工人员在沟槽内盲目作业的不安全行为，安全监理职责履行不力。

（2）较差自然地质连续降雨：坍塌部位非原状土，土体下预埋有自来水管、热力管道、污水砖涵、电力线缆、通信线缆等预埋管线，土质属回填杂土，土体密实度较低，自身稳定性较差，且事发前连续降雨使土体含水量增大，自稳能力进一步下降。

（3）未及时纠正防护措施缺陷：此站北侧部位地质条件复杂，且该处沟槽开挖成型距事发时间短暂，客观上监管难度较大，应采取更进一步的措施加以防范。相关人员对此认识不足，未能及时加强并纠正防护措施缺陷。

4. 事故警示和预防措施

（1）施工单位要强化开工前安全风险源的评估工作，修改完善重点工序操作规程；细化安全生产管理考核指标，加大经济处罚力度；建立施工现场远程视频监控系统。

（2）施工单位要进一步强化施工现场安全管理。项目部必须按图施工，严禁擅自改变设计施工方法或者简化工序流程。要严格施工过程控制，在出入口施工过程中要加强管线的调查与保护，确保施工安全和周围管线及建（构）筑物的安全。

（3）相关单位要加强对施工监控量测的管理，尤其是地下水位、自来水和雨、污水等各类管线及周边建（构）筑物的变形等，及时将第三方监测数据反馈给有关各方，实现信息化施工和正确决策。施工通过自来水和雨、污水管线及建筑物时要对其连续监测。

（4）监理单位要严格审查安全方案、严格督促现场安全管理、设备设施安全管理、施工人员安全技术教育培训等相关措施的落实，及时发现和纠正现场施工人员的不安全行为、设备设施缺陷等安全隐患，加强现场巡查，一旦发现威胁到施工人员人身安全的重大隐患，要责令施工单位及时停止作业，整改完毕方能复工。

10.11.2 案例 2：地铁折返线隧道区间地表塌陷事故

1. 简要经过

正在建设施工的某地铁折返线隧道区间工程项目，因隧道施工（矿山法）造成路口交界处地表塌陷，塌陷面积约 690m²，事发地位于某市文化公园站工地旁，正在组织施工时，由于施工人员及时发现施工地段地层发生地质异常，立即停止施工，及时疏散施工人员，同时加强地表监测和巡视，16：40 发现地面沉降加大，紧急疏散周边居民，有 2 栋共计 6 间商铺坍塌。22：00 左右，事发现场发生二次塌陷（图 10-27）。

2. 事故损失

该起事故造成某地 40 号、42 号、44 号房屋坍塌，某街 50 号、52 号、54 号房屋和某路 A01~A11 的房屋出现了安全隐患而被迫拆除。

图 10-27 塌陷事故现场

3. 事故原因

1）直接原因

（1）塌陷地段隧道上方地质突然变差，地质条件非常复杂，与原设计地质条件有很大差异，导致施工工艺不满足安全要求。

（2）地下存在用途不明的不同口径的陈旧管线，并不断大量涌水，涌水长期积压，导致土体饱和、压力增大。抢险过程中又新发现有 $\Phi600$ 水管 1 条、$\Phi200$ 水管 1 条、直径较小的水管若干条，水顺着管路流入砂层及不均的 6、7 号易破碎的泥质粉砂岩层交界处，并长期冲刷易破碎的粉砂岩层，形成深槽，汇集成一个饱和高压的大水库，由于隧道爆破开挖不断扰动，饱和水体的压力在最薄弱位置突破，致使长久积累的一股黑色浆液从掌子面喷出，由于砂层已液化，类似泥石流一样的爆发性喷涌。

2）间接原因

（1）施工单位发现折返线隧道上方建筑物观测 A1 点沉降（-29.5mm）超过控制值（-24mm），虽然按要求采取加强了支护措施，并加大了测量频率。但在 A1 点沉降趋于稳定后，没有意识到 A1 点累计沉降值已超过控制值，依旧采用以往开挖循环进尺施工，安全意识不强。

（2）折返线隧道施工前，施工单位虽然对隧道上方施工影响区域的房屋进行了鉴定，部分房屋属危房或破损房屋，但施工单位没有引起高度重视，对地质的复杂性和潜在风险分析不透。在经多次协调仍无法对房屋进行拆迁的情况下组织暗挖施工，也是造成该事故的另一间接原因。

（3）施工单位对现场的管线摸查不够细，对抢险过程中所暴露的未知管线（$\Phi600$ 水管 1 条、$\Phi200$ 水管 1 条）一直未能发现和探明。

（4）此段隧道断面变化频繁，在不拆迁地面房屋的情况下，按照目前国内施工水平，只能采用矿山法施工，施工过程中对隧道拱顶持力层多次扰动，也是这次塌陷的诱因。

4. 事故教训与预防措施

（1）施工单位要建立安全隐患的排查、登记、监控、整改、销号、统计、检查、考核机制，采取通报、现场核查、纳入考核等手段，建立健全安全风险防控体系。

（2）相关单位要加强地质勘探管理，遇到无法拆迁的建筑（构）物，无法详细探明地质的情况下，要详细调查施工区域及周边建筑（构）物、地下管线，了解其基础、结构、分布情况，结合相邻区域地质状况及水平钻孔情况，进行分析评估，采取尽可能安全的施工方法、工艺，确保建筑（构）物及管线安全。若方案优化后仍存在风险的，应向相关部门提出可能受影响建筑物内人员临迁方案建议，施工完毕后回迁。在施工过程中在洞内采用多方位钻孔进一步探明地质情况，根据地质情况及时调整施工工艺和支护参数，确保施工安全。

（3）相关单位要明确安全生产主体责任，核查安全保证体系、规章制度及落实情况，督促其严格按照设计图纸、施工规范、方案组织施工。

（4）加大安全投入，提升安全技术和生产管理水平，加大征地拆迁投入，加大工程地质勘探和不良地质处理投入，准确掌握工程水文地质，加大工程信息化投入，加大人员和安全文明施工措施费投入。

（5）强化施工监测异常处理制度，施工及第三方监测单位按照规定的时限上传监测数据信息，如遇报警情况，建设、设计、监理、施工等相关单位可第一时间接收到报警信息，根据相应等级，分别组织相关单位进行数据分析、剖析原因、制定落实措施。

（6）强化工程周边环境调查，施工前应对会危及的周边建（构）筑物、地下管线和道路等地上地下周边环境进行详细的调查，对风险较大建（构）筑物和地下管线采取有效保护措施，并专门编制应急预案，进行交底和演练。

10.12 涌水、涌砂、透水

10.12.1 案例1：地铁区间突泥涌水导致盾构机被埋事故

1. 简要经过

某市地铁某号线某区间，左线掘进289.2m＋0.2m、右线掘进247.2m＋0.6m时，右线盾构机因螺旋机被水泥土固结块卡死无法运转，在开启观察孔进行处理时，发生螺旋机观察孔突沙涌水事件（图10-28）。

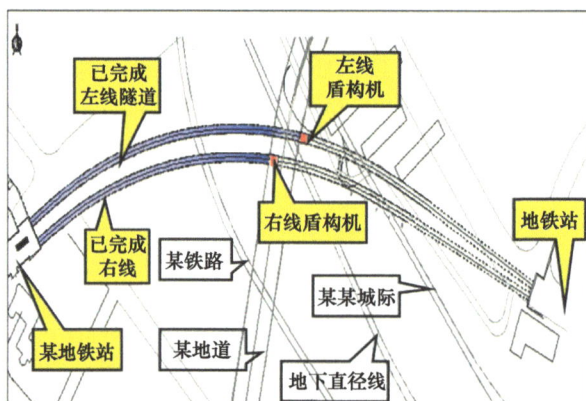

图10-28 事故区间平面图

2. 事故损失

造成两台盾构机埋于地下，导致区间左右线重新改线施工。

3. 事故原因

1）直接原因

（1）盾构队长违规操作。由于地质条件复杂，造成螺旋机被泥水混合物固结块卡住，无法运转，盾构队长鲁某在严重违背《盾构机操作说明书》中的相关规定和不了解打开观察孔盖板将出现涌水隐患的情况下，擅自安排现场作业人员打开螺旋机观察孔，导致发生地下水喷涌。

（2）现场抢救措施不到位。观察孔盖板打开后，长达80多分钟的时间内，现场未采取有效的控制措施，致使土仓内的水和泥沙流失过多，造成土仓压力失衡发生喷涌事故。

2）间接原因

（1）盾构机管理制度、作业流程和岗位责任制度未得到严格的落实，尤其是特殊地层及异常情况下的管理及处置对策落实不到位。

（2）盾构机司机对地质情况不了解，对特殊地层作业存在的风险隐患认识不足，盲目掘进，擅自作业，且未认真执行掌子面地层情况交接班制度。

（3）日常管理交底落实不到位，上下沟通汇报脱节，应急准备工作不足。

（4）施工组织不合理，左线隧道线路高程高于右线隧道，却安排左线隧道先进行施工，致使右线隧道发生险情后，直接影响到左线隧道的安全，导致损失扩大。

（5）地质原因。盾构机掘进部位地层地质条件复杂，处于微承压水层，并局部地段夹有粉砂薄层，其富水性、渗透性相应增大，存在较大隐患；同时，盾构机处于五经路地段旋喷桩加固地层，旋喷加固强度较高且加固不均匀，致使盾构掘进施工困难，易出现设备故障，进一步加大施工安全隐患，最终引发事故。

4. 事故教训与预防措施

（1）强化安全责任制的执行力度，使安全责任纵向到每个作业层，横向到各层的职能部门。

（2）盾构机穿越覆土厚度不大于盾构直径的浅覆土层、地下障碍物、建筑物、构筑物、粉土层、粉砂层等地段时，必须采取相应的控制掘进参数，控制盾构姿态，补充地质勘探，盾构掘进过程中应匀速、连续、均衡。

（3）加强盾构设施的监管力度，规范盾构设备设施的维修保养，确保盾构机作业顺畅。

（4）强化盾构掘进过程中分区段对风险源进行辨识和评价，当出现问题时，通过停机、保压等措施确保盾构机安全。

（5）应切实提高一线操作人员的操作技能，牢固树立安全红线意识和底线思维。

（6）编制的专项施工方案，应组织专家进行评审，切实提高评审方案的全面性和可操作性。

10.12.2 案例2：某市地铁某号线横通道透水事故

1. 简要经过

某市轨道交通某号线某区间用于连接上、下行线的安全联络通道（旁通道工程施工作业面内），因大量的水和流沙涌入，引起约270m隧道部分结构损坏及周边地区地面沉降，最大沉降量达到7m，导致3栋建筑物严重倾斜，某江防汛墙局部塌陷并引发管涌（图10-29）。

图 10-29 透水事故现场图

2. 事故损失

事故导致3栋建筑物严重倾斜，某江防汛墙局部塌陷并引发管涌，造成直接经济损失约1.5亿元。

3. 事故原因

1）直接原因

竖井与旁通道的开挖顺序错误、冷冻设备出现故障导致温度回升，地下承压水导致喷沙，诱发事故的发生。

2）间接原因

（1）施工单位现场技术管理薄弱，《冻结法施工方案调整》编制欠缺，审批不严；对施工风险较大的工程无针对性强的应急预案；总包单位现场管理失控，监理单位现场监理失职是重要原因。

（2）开挖顺序错误。隧道上方是一个大的竖井，在竖井下方离隧道8~9m，开挖两个小的竖井来贯通已经成形的隧道。按照施工惯例，应该先挖旁通道，再挖竖井。但是施工单位改变了施工顺序，这样极易造成坍塌。事故发生时，一个竖井已经挖好，另一个竖井也开挖2m左右。

（3）冻结法方案不严格。事故发生前，施工单位项目部对原定的施工组织设计擅自进行了调整。专家组的分析也认定，方案调整没有严格遵循冻结法施工工艺的有关规定，导致旁通道冻土结构在施工中出现薄弱环节。调整后的方案，降低了对冻土平均温度的要求，从原方案的 −10℃ 减少到 −8℃；旁通道处垂直冻结管数量减少，从原方案的 24 根减少到 22 根，而原先为 25m 深的 7 根垂直冻结管，其中 4 根被缩短到 14.25m，3 根被缩短到 16m，造成旁通道与下行线隧道腰线以下交会部冻土薄弱；下行线仅设单排 6 个冻结斜孔，孔距 1m，虽然在冻结孔长度上予以增加，但数量偏少、间距偏大，导致冻结效果不足以抵御相应部位的水土压力。

（4）现场管理失职。6月28日上午隧道下行线小型制冷机发生故障，停止供冷7.5h。下午14：00左右，施工人员在下行线隧道内安装水文观测孔，发现一直有压力水漏出，尽管采取了用木板封堵掘进面等措施，但效果不佳。29日凌晨3：00，水阀处测出的水压接近外部第七层承压水水压。险情初露征兆，但现场没有任何人将这一情况向总承包及监理公司汇报，导致险情逐步加剧。就是在这样危险的情况下，7月1日零时许，施工单位项目副经理明知旁通道冻土结构存严重隐患、工程已停工，竟还擅自指挥当班班长，执意安排施工人员拆除冻土前掘进面部分封板，用风镐凿出直径0.2m的孔洞，准备安装混凝土输送管。正是这个孔洞出水，水砂从掘进面的右下角和侧墙不断涌出，以致封堵无效，最终酿成事故。

4. 事故教训与预防措施

（1）地下工程施工，应编制专项方案，按要求组织专家论证，施工单位应当根据论证报告修改完善专项方案，并经施工单位技术负责人、项目总监理工程师、建设单位项目负责人签字后，方可组织实施。

（2）专项方案经论证后需做重大修改的，施工单位应当按照论证报告修改，并重新组织专家进行论证。施工单位应当严格按照专项方案组织施工，不得擅自修改、调整专项方案。如因设计、结构、外部环境等因素发生变化确需修改的，修改后的专项方案应当重新组织专家进行论证。

（3）专项方案实施前，编制人员或项目技术负责人应当向现场管理人员和作业人员进行安全技术交底。

（4）施工单位应当指定专人对专项方案实施情况进行现场监督和按规定进行监测。发现不按照专项方案施工的，应当要求其立即整改；发现有危及人身安全紧急情况的，应当立即组织作业人员撤离危险区域。施工单位技术负责人应当定期巡查专项方案实施情况。

（5）监理单位应当对专项方案实施情况进行现场监理；对不按专项方案实施的，应当责令整改，施工单位拒不整改的，应当及时向建设单位报告；建设单位接到监理单位报告后，应当立即责令施工单位停工整改；施工单位仍不停工整改的，建设单位应当及时向住房城乡建设主管部门报告。

（6）施工单位应编制应急预案，现场配备足够的应急物资，定期组织相关人员进行演练，确保能够满足应急时的需求。

10.13 瓦斯爆炸

10.13.1 案例1：某市地铁某号线盾构区间天然气爆炸事故

1. 简要经过

某市地铁某号线某盾构区间工程，左线盾构推进至1122环时，盾构机上固定气体检测仪发出有害气体报警信号。当班技术主管使用便携式气体检测仪检查确认有害气体超标后，带班领导立即组织隧道内的全部人员撤离。之后，带班领导和盾构机司机再次进入隧道进行隐患排查。1月2日凌晨2：40，隧道内发生爆炸。

2. 事故损失

事故造成2人死亡。

3. 事故原因

1）直接原因

（1）在设计图和竣工图中左线隧道顶部的管道标注为废弃迁改的天然气管道且标高是在安全范围内。但实际埋深与其相差较大，比设计图和竣工图中的标注埋得更深，侵入地铁隧道设计限界，被正常施工的盾构机刀片切割，管道内天然气泄漏进入隧道引发爆炸（图 10-30、图 10-31）。

图 10-30　现场燃气管线埋设

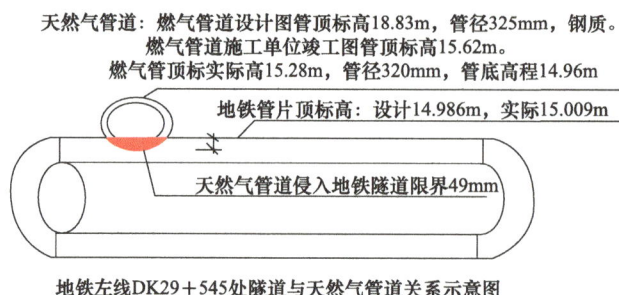

天然气管道：燃气管道设计图管顶标高18.83m，管径325mm，钢质。
燃气管道施工单位竣工图管顶标高15.62m。
燃气管顶标实际高15.28m，管径320mm，管底高程14.96m
地铁管片顶标高：设计14.986m，实际15.009m
天然气管道侵入地铁隧道限界49mm

地铁左线DK29＋545处隧道与天然气管道关系示意图

图 10-31　设计燃气管线示意

（2）施工人员对现场应急处置不当。带班领导带领盾构机司机在未采取安全措施的情况下，冒险再次进入隧道对危害气体做进一步隐患排查时，突遇爆炸导致人员死亡。

2）间接原因

（1）盾构法施工经理部施工前未与天然气管道产权单位办理相关安全配合协议，未在现场复核管线情况，在盾构机穿越天然气管道前未报请天然气管道产权单位派员到现场监控。施工前未对管线进行认真调查，未采用竣工图核对管线标高，未在盾构与天然气管线相交点附近挖探沟探明天然气管线实际埋深。

（2）天然气公司选用的天然气管道施工单位，在天然气管道施工过程中，质量控制不严格，未考虑拉拔管施工工艺在管道中段可能存在的干扰因素，提供的竣工图中与该地铁隧道相交部位的天然气管道埋深与实际不符，实际标高过深。

（3）天然气管道产权单位对该天然气管道的实际位置不了解，为建设单位提供的天然气管道图纸与实际管道位置不符，导致地铁隧道设计与天然气管道局部相互干涉。

（4）地铁隧道设计单位依据建设单位提供的地下管线资料进行设计时，未能考虑到天然气管道局部实际埋深可能存在比提供的管线资料要深的不利因素，导致设计的两站区间隧道外轮廓线与天然气管道之间安全间距不足，相互干涉。

（5）经理部危险源辨识和安全教育培训不到位，人员应急处置能力不足。在穿越天然气管道前，未对可能存在的风险进行有效辨识，未针对天然气管道破损做专项安全技术交底和应急预案，致使当发现有害气体超标报警后，在未向建设单位和政府应急管理部门报告及未请专业人员排险的情况下，擅自冒险再次进入隧道内排查险情。

4. 事故教训与预防措施

1）加强地下管线、建筑物等的调查和保护工作。

（1）加强项目的组织领导。项目经理部成立地下管线、建筑物调查保护领导小组，对工程范围内的地下管线（天然气管、供水管、通信光缆等）、建筑物等进行调查，必要时通过现场挖探坑、探沟，探明地下管线的位置、埋深、走向、结构形式，管线位置，编制书面调查报告，并制定管线保护措施，完善施工方案，明确施工人员、保护人员的岗位职责，加强施工过程安全管理。

（2）学习贯彻国家和工程所在地行业主管部门的有关规定，细化项目管线调查程序，加强与业主、管线或地下建筑物产权单位的沟通联系，及时签订配合施工安全协议书，穿越或临近既有管线施工前，报请产权单位派员到现场监督、配合。

（3）加强项目管理人员及作业人员的安全教育培训工作。重点对有限空间的相关规定进行培训，要求管理人员及作业人员必须严格执行有限空间作业"先通风、再检测、后作业"制度，遇到突发事故及时采取有效措施避免事故扩大。

2）加强与天然气管道施工单位、天然气管道产权单位及其他地下隐蔽管线、建筑物施工和产权单位的沟通，要求其及时、准确地进行管线交底，提供与地铁相关的地下隐蔽管线、建筑物的位置、标高、走向等详细信息。

3）加强与建设单位、设计单位的沟通，建议其充分考虑地下管线、建筑物等障碍物对地铁施工的影响和相关资料的不确定性，合理选择安全间距。

4）真正落实风险源辨识评价制度，对新动工的工序必须由项目经理组织生产部门全体人员、经验丰富的（监理、外协队伍等）相关人员，必要时邀请专家，召开风险源辨识评价会，对影响施工安全的风险进行全面分析，保证重大风险源不被遗漏。

5）严格执行技术交底和安全技术交底制度，做到所有从事施工作业的人员，都能掌握工序的作业标准、操作要求、存在的危险点和应对措施，提高人员的安全意识。严禁违反设计和施工方案、交底书要求随意施工的行为发生。

6）不具备抢险的情况下，需要请专业排险队伍来处理。

7）加强应急逃生知识和应急救援知识培训。按照《企业安全生产应急管理九条规定》（国家安全生产监督管理总局令第74号）等有关规定要求，针对项目重大风险源编制有针对性和可操作的应急预案，做好应急物资、装备、队伍等各项应急准备，适时组织培训和演练，使管理人员、施工人员熟知工程施工和本岗位危险源的管控状况，掌握事故发生的处置方法，切实提高员工应急逃生能力和应急救援处置能力，严禁事故发生后违章指挥、冒险施救。

10.13.2 案例2：隧道工程发生瓦斯爆炸事故

1. 简要经过

某隧道右洞掌子面正在进行喷混凝土、打设锚杆、架设拱架等作业，距工作面约100m左右的二次衬砌工作正进行浇筑混凝土作业。当班因接风筒于10：00起停风1h，11：00接好风筒，恢复供风，当时风筒出风口距掌子面约30m，送风距离超过1400m。14：40，洞外人员突然听到从右洞传来巨大爆炸声，同时看到洞口一片昏暗，爆炸冲击波将停放在距右洞口20m重达70t的模板台车冲出40多米，洞口通风机错位、配电柜损坏，大幅宣传牌被掀飞。

2. 事故损失

事故造成44人死亡、11人受伤。

3. 事故原因

1）直接原因

由于掌子面处塌方，瓦斯异常涌出，致使模板台车附近瓦斯浓度达到爆炸极限，模板台车配电箱附近悬挂的三芯插头短路产生火花引起瓦斯爆炸。

2）间接原因

（1）从施工组织、专项施工方案存在严重缺陷，缺少应急通风的措施，停止施工时，未停止现场的作业。

（2）项目部未严格按瓦斯隧道施工有关规定组织施工，现场监管缺失，技术交底中瓦斯检测有要求，但实际施工中未严格执行，瓦斯隧道日常安全管理存在漏洞，尤其是停止施工期间未进行连续通风。

（3）对技术措施要求落实不到位，《施工组织设计》要求的防爆地段使用了非防爆配电箱和普通插座。

（4）甲烷传感器安装位置不符合要求，瓦斯检测员检查高处瓦斯时，采用将便携式瓦检仪绑在2~3m的竹竿上举起的方法，不能有效地监控瓦斯。

（5）项目现场的安全管理严重不到位，现场严重违章且无人制止。

4. 事故教训与预防措施

（1）瓦斯隧道必须编制实施性施工组织设计和专项施工安全技术方案，还包括应急通风的措施，洞内未通风时严禁作业，确保洞内通风处于有效状态，内容包括预防瓦斯突出的措施和揭煤方案。

（2）开挖后立即实施喷锚支护，做到及时封闭围岩、堵塞岩隙，防止瓦斯异常逸出。加强对坍塌后坍穴内的瓦斯检测、监控。

（3）建立健全隧道瓦斯检测、监控管理和信息上报制度。瓦斯隧道施工前，要对所有作业人员进行瓦斯知识和瓦斯危害的安全培训教育。

（4）必须设置专职瓦斯监测人员并按规定进行检测；检测瓦斯用的仪器、设备必须定期进行调试、校验。

（5）瓦斯隧道必须按照瓦斯隧道的规定执行，通风设备应按瓦斯隧道的要求执行。

（6）现场的管理应严格履职到位，发现违章违规应及时制止。

10.14 地下管线破坏

10.14.1 案例1：某市地铁某号线自来水管爆裂导致盾构被淹事故

1. 简要经过

某日，某市某站施工围挡交界处直径1000mm自来水主管突然爆裂，大量高压水喷涌而出，从不同方向涌入车站主体基坑和已掘进的右线隧道内（左线未始发）。盾构机自被淹至恢复掘进，历经3个半月（图10-32）。

图10-32 自来水爆管喷涌事故现场

2. 事故损失

经济损失约3000万元。

3. 事故原因

1）直接原因

（1）自然管道老化形成的局部爆裂进而发生连锁反应。

（2）盾构始发点未高出地面一定高度。

2）间接原因

（1）项目进场后进行了施工现场及周边管线调查，但对供水管道发生爆裂的可能性估计不足，对自来水厂应急反应速度预估过于乐观。

（2）由于盾构始发端所处站点由其他单位组织施工，区间隧道盾构机借助本站始发，造成场地工作面重叠，车站基坑防洪安全场地调查不足，应急预案不具备针对性。始发井处，应急准备不充分。应急预案与自来水管的产权单位联系不够，阀门了解不清，发生事故时，不能及时关闭阀门。

（3）应急物资、设备配备不足，未确保处于有效状态，防洪水泵虽已安装并能正常使用，但对主供水管道的泄水量估计不足，最终导致涌水进入隧道淹没盾构机。

4. 事故教训与预防措施

（1）联合城市管网相关单位调查施工现场周边主要管线情况，掌握自来水管道、天然气管道、有毒气体管道、城市污水排放主要管道、城市电缆及军用电缆埋深情况，制定盾构机穿越管线管道保护方案措施，盾构机穿越管线管道时相关产权单位安排人员现场值班。

（2）根据地铁公司要求后期盾构隧道施工在洞门处增加设备防淹门卡，在雨季和突发大水时使用钢板门或沙袋及时对隧道口进行封堵，防止积水进入隧道内。

（3）加强日常应急物资准备管理工作，确保应急突发事故能及时到位，应制定专项应急预案，提高其针对性。

（4）项目进场后，如遇周边自来水厂、重大厂矿等供输水量大的企业，需在项目施工阶段的防洪设备进行升级，并加修防洪结构。

（5）盾构井地表应设置挡水措施。

（6）抽水设备应配备足够，确保处于有效状态。

（7）提前调查了解阀门位置，确保险情时，处于有效状态。

10.14.2 案例2：某地铁燃气管线破损事故

1. 简要经过

某地铁车站正在进行管线探沟开挖和导墙施工时，PC200镐头机到达施工部位进行试探破除时直接击穿盖板并打破DN300中压燃气管，导致发生燃气泄漏。燃气在管内压力作用下形成气柱喷出，高度达30m，造成事发地段燃气供应中断。9：55，燃气公司到达现场并于10：20，将燃气管道阀门关闭。11：15，经燃气检测人员检测燃气浓度达到安全范围。至16：40，燃气公司抢修工作完成，影响地段恢复供气（图10-33）。

图10-33　燃气管线破损泄漏事故现场

2. 事故损失

事故造成事发地段燃气供应中断。

3. 事故原因

1）直接原因

设计单位提供的图纸显示施工点位置燃气管线的埋深与实际燃气管线埋深有较大偏差，且作业队采用镐头机对路面进行破除（图10-34）。

图纸显示管线最小埋深1.2m，项目部在附近开挖探沟揭示埋深实际也为1.2m，但破损处由于抬高跨越给水管，埋深与设计图纸有偏差。

图 10-34 镐头破损燃气管线

2）间接原因

（1）项目部的安全教育培训不到位，导致作业队不按方案和技术交底施工。

（2）项目现场管理人员发现作业队在燃气管线附近采用镐头机破除混凝土结构时未制止，违反了《城镇燃气管理条例》中严禁采用机械施工的要求，现场违规操作、指挥。

（3）项目管理层对此重大风险认识程度不够，风险管控意识淡薄，在探挖燃气管线埋深的施工过程中，在燃气管线的影响范围内施工。

4. 事故教训与预防措施

（1）施工前通过多种方式探明地下管线并改移或采取保护措施后方能开挖。

（2）挖探时，不论是探坑还是探沟必须覆盖整个施工区域，不留死角；挖探深度以挖到原状土为宜，图上有的管线应挖至管线顶。

（3）现场采取覆盖、悬吊等方式加以保护，并设置明显标识。

（4）压力管道，应与产权单位签订安全管理协议，做好安全技术交底，破土作业时应邀请产权单位专业人员进行监护。